COLOSSENSES & FILEMOM

MAX LUCADO

Lições de vida

COLOSSENSES & FILEMOM

A DIFERENÇA QUE CRISTO FAZ

Traduzido por DANIEL FARIA

mundocristão
São Paulo

Os textos de referência bíblica foram extraídos da *Nova Versão Internacional* (NVI), da Biblica Inc., salvo indicações específicas.

Dados Internacionais de Catalogação na Publicação (CIP)
(Câmara Brasileira do Livro, SP, Brasil)

Lucado, Max
Colossenses & Filemom: a diferença que Cristo faz / Max Lucado; traduzido por Daniel Faria. — São Paulo: Mundo Cristão, 2014. — (Coleção lições de vida)

Título original: Books of Colossians & Philemon: The Difference Christ Makes.

1. Bíblia. N.T. Colossenses - Comentários 2. Bíblia. N.T. Colossenses - Crítica e interpretação 3. Bíblia. N.T. Filemom - Comentários 4. Bíblia. N.T. Filemom - Crítica e interpretação I. Título II. Série

14-05635 CDD-222.706

Índice para catálogo sistemático:
1. Colossenses e Filemom: Epístolas de Paulo: Interpretação e crítica 222.706
Categoria: Estudo Bíblico

Publicado no Brasil com todos os direitos reservados por:
Editora Mundo Cristão
Rua Antônio Carlos Tacconi, 79, São Paulo, SP, Brasil — CEP 04810-020
Telefone: (11) 2127-4147
www.mundocristao.com.br

1ª edição: setembro de 2014

SUMÁRIO

Estudar a Bíblia é um dos grandes privilégios que recebemos do Senhor. É desejo dele que conheçamos sua Palavra inspirada, que é "útil para o *ensino*, para a repreensão, para a correção e para a instrução na justiça, para que o homem de Deus seja apto e plenamente preparado para toda boa obra" (2Tm 3.16-17). Somos incentivados a crescer "na graça e no *conhecimento* de nosso Senhor e Salvador Jesus Cristo" (2Pe 3.18). O próprio Jesus nos ensinou a amar a Deus de todo o nosso "*entendimento*" (Mc 12.30).

Para atingir esses objetivos, ele designou alguns como *pastores e mestres*, a fim de edificar seu povo e conduzi-lo à maturidade na fé (cf. Ef 4.11-16), e Max Lucado, como um desses vocacionados, tem se comprometido com o reino no ensino da Palavra. Por isso, temos a satisfação de oferecer à Igreja evangélica este valioso material didático para ser usado em grupo, porque acreditamos que o estudo em conjunto torna o aprendizado interessante, rico e produtivo (cf. Pv 27.17). Porém, não existe nenhum impedimento ao estudo individual.

A fim de tornar o aprendizado mais eficaz, apresentamos algumas dicas importantes:

1. Antes de tudo, ore e peça orientação ao Senhor para que a Palavra seja ensinada e entendida com fidelidade e clareza.

2. Prepare-se adequadamente. Familiarize-se bem com cada lição e não deixe de buscar subsídios para enriquecer o ensino.

3. Torne o aprendizado interativo e incentive a participação de todo o grupo.

4. Trate com respeito todas as contribuições dos participantes. Se houver necessidade de divergir de alguma ideia ou corrigi-la, faça-o com mansidão e brandura (cf. Gl 6.1; Ef 4.2; Tt 3.2; Tg 3.13).

5. Evite que uma pessoa domine a discussão. Isso inclui o líder. Assim, para proporcionar o crescimento do grupo, resista à

tentação de dominar ou manipular a coletividade e impor seus próprios pontos de vista.

6. Use a imaginação e a criatividade para incrementar as aulas. Recorra a símbolos visuais, vídeos, músicas, dramatizações etc. Lembre-se: faça isso com moderação.

Esperamos que estas orientações e sugestões sejam úteis para todos os membros do grupo; que todos cresçam juntos e façam destes estudos um marco em sua formação espiritual, com o objetivo de serem a cada dia mais parecidos com Jesus, nosso Senhor e Salvador.

Os Editores

Você tem um livro especial em mãos. Palavras esculpidas em outras línguas. Ações ocorridas em épocas distantes. Acontecimentos registrados em terras longínquas. Conselhos oferecidos a um povo estrangeiro. Esse é um livro singular.

É de surpreender que alguém o leia. É antigo demais. Alguns dos escritos datam de cinco mil anos atrás. É esquisito demais. O livro fala de enchentes incríveis, incêndios, terremotos e pessoas com habilidades sobrenaturais. É radical demais. A Bíblia convida à devoção eterna a um carpinteiro que chamava a si mesmo de Filho de Deus.

A lógica diz que esse livro não sobreviveria. Antigo demais, esquisito demais, radical demais.

A Bíblia foi proibida, queimada, escarnecida e ridicularizada. Acadêmicos zombaram dela. Reis decretaram sua ilegalidade. Mais de mil vezes, a cova foi aberta e o canto fúnebre começou a ser entoado, mas, por alguma razão, a Bíblia nunca permaneceu na sepultura. Não somente sobreviveu; ela prosperou. É o livro mais popular em toda a história. Há anos tem sido o mais vendido no mundo!

Não existe na terra uma explicação para isso. Essa, talvez, seja a única explicação. A resposta? A durabilidade da Bíblia não se encontra na terra; encontra-se no céu. Para os milhões que testaram suas afirmações e reivindicaram suas promessas, há somente uma resposta: a Bíblia é o livro e a voz de Deus.

Ao ler, seria sábio de sua parte pensar um pouco a respeito de duas perguntas: Qual o propósito da Bíblia? Como devo estudá-la? O tempo gasto na reflexão acerca dessas duas questões vai engrandecer consideravelmente seu estudo bíblico.

Qual o propósito da Bíblia?

Permita que ela própria responda a essa pergunta: *Porque desde criança você conhece as Sagradas Letras, que são capazes de torná-lo sábio para a salvação mediante a fé em Cristo Jesus* (2Tm 3.15).

O propósito da Bíblia? Salvação. O maior desejo de Deus é trazer seus filhos para casa. O livro dele, a Bíblia, descreve seu plano de salvação. O propósito da Bíblia é proclamar o plano e o desejo de Deus de salvar seus filhos.

É essa a razão de a Bíblia ter resistido ao longo dos séculos. Ela tem a ousadia de enfrentar as questões mais difíceis a respeito da vida: Para onde vou depois de morrer? Existe um Deus? O que faço com os meus medos? A Bíblia oferece respostas a essas questões cruciais. É o mapa que nos conduz ao maior tesouro de Deus: a vida eterna.

Mas como usamos a Bíblia? Inúmeros exemplares das Escrituras repousam em estantes e cabeceiras sem serem lidos pelo simples fato de as pessoas não saberem como lê-la. O que podemos fazer para torná-la real em nossa vida?

A resposta mais clara encontra-se nas palavras de Jesus. Ele prometeu: *Peçam, e lhes será dado; busquem, e encontrarão; batam, e a porta lhes será aberta* (Mt 7.7).

O primeiro passo na compreensão da Bíblia é pedir a Deus para ajudar-nos. Devemos ler em oração. Se alguém compreende a Palavra de Deus, é por causa de Deus, e não do leitor: *Mas o Conselheiro, o Espírito Santo, que o Pai enviará em meu nome, lhes ensinará todas as coisas e lhes fará lembrar tudo o que eu lhes disse* (Jo 14.26).

Antes de ler a Bíblia, ore. Convide Deus para falar com você. Não vá às Escrituras procurando por *sua* maneira de pensar; vá em busca da maneira de pensar *dele*.

Não devemos ler a Bíblia somente em oração; devemos lê-la com cuidado. A garantia é: *busquem, e encontrarão*. A Bíblia não é um jornal a ser folheado, mas uma mina a ser garimpada: *se procurar a sabedoria como se procura a prata e buscá-la como quem busca um tesouro escondido, então você entenderá o que é temer o* SENHOR *e achará o conhecimento de Deus* (Pv 2.4-5).

Qualquer achado valioso requer esforço. A Bíblia não é exceção. Para compreendê-la, você não precisa ser brilhante, mas tem de estar disposto a arregaçar as mangas e procurar, *como obreiro que não tem do que se envergonhar e que maneja corretamente a palavra da verdade* (2Tm 2.15).

Eis um ponto prático: estude a Bíblia um pouco de cada vez. Não se sacia a fome comendo 21 refeições de uma só vez a cada semana. O corpo precisa de uma dieta constante para permanecer forte. O mesmo acontece com a alma. Quando Deus enviou alimento a seu povo, no deserto, ele não providenciou pães prontos. Em vez disso, enviou o maná, desta forma: *flocos finos semelhantes a geada [...] sobre a superfície do deserto* (Êx 16.14).

Deus concedeu maná em porções limitadas e envia alimento espiritual da mesma forma: abrindo os céus com nutrientes suficientes para a fome de hoje e providenciando *ordem sobre ordem, regra e mais regra; um pouco aqui, um pouco ali* (Is 28.10).

Não desanime se a colheita de sua leitura parece pequena. Há dias em que uma porção menor é tudo o de que precisamos. O importante é buscar diariamente a mensagem daquele dia. Uma dieta constante da Palavra de Deus no decorrer da vida edifica a saúde da mente e da alma.

Uma garotinha voltou de seu primeiro dia na escola. A mãe perguntou:

— Você aprendeu alguma coisa?

— Pelo visto, não aprendi o bastante — a menina respondeu. — Tenho de voltar amanhã, depois de amanhã e depois de depois de amanhã...

É assim que funciona a aprendizagem e é assim que funciona o estudo da Bíblia. A compreensão vem pouco a pouco, ao longo da vida.

Há um terceiro passo na compreensão da Bíblia. Depois do pedido e da busca, vem o bater à porta. Depois de perguntar e procurar, você bate: *Batam, e a porta lhes será aberta* (Mt 7.7).

Bater é estar diante da porta de Deus. Ficar disponível. Subir as escadas, cruzar o pórtico, colocar-se à porta e se voluntariar. Bater vai além da esfera do pensamento e entra na esfera da ação.

Bater é perguntar: O que posso fazer? Como posso obedecer? Aonde posso ir?

Uma coisa é saber o que fazer. Outra é fazer. Mas para aqueles que fazem, que escolhem obedecer, uma recompensa especial os aguarda: *Mas o homem que observa atentamente a lei perfeita, que traz a liberdade, e persevera na prática dessa lei, não esquecendo o que ouviu mas praticando-o, será feliz naquilo que fizer* (Tg 1.25).

Uma promessa e tanto! A felicidade vem para quem pratica o que lê! É o mesmo com medicamentos. Se você apenas ler o rótulo, mas ignorar as pílulas, de nada vai adiantar. É o mesmo com comida. Se você apenas ler a receita, mas nunca cozinhar, não vai ser alimentado. Dá-se o mesmo com a Bíblia. Se você apenas ler as palavras, mas nunca obedecer, jamais conhecerá a alegria que Deus prometeu.

Peça. Procure. Bata. Simples, não é? Por que então não tentar? Se o fizer, entenderá por que você tem nas mãos o livro mais extraordinário da história.

INTRODUÇÃO A COLOSSENSES

O famoso autor britânico C. S. Lewis observou certa vez que os cristãos, em sua maioria, precisam mais de lembretes que de instruções. Que perspicaz. Que verdadeiro.

Somos um povo que se esquece fácil. Infelizmente, quando perdemos de vista as maravilhosas promessas de Deus para nós, bem como suas incríveis provisões, temos a tendência bastante comum de ficar orgulhosos.

Nós nos esquecemos de como estávamos desesperados. Nós nos esquecemos de como Deus foi misericordioso. Sem o devido cuidado, começaremos a entender a salvação não como a boia salva-vidas arremessada ao afogado, mas como um passeio num barco a remo: a graça de Deus segurando um remo e nossos nobres esforços segurando o outro. Não é que Jesus não seja necessário; é apenas que Jesus precisa de nossa ajuda. Podemos até chegar a pensar que Deus é um sujeito de sorte por contar conosco em sua equipe.

Lentamente, sutilmente, começamos a adotar a doutrina da *salvação por Jesus-mais-alguma-coisa.* Jesus *mais* boas obras. Jesus *mais* a doutrina certa. Jesus *mais* a tradução correta da Bíblia.

Ou, no caso da igreja em Colossos, Jesus mais a celebração religiosa adequada, a festa da lua nova e o dia do sábado. Para os cristãos colossenses, os rituais corretos eram tão importantes quanto o Salvador correto.

Paulo não aceitava nada disso. Ele denunciou a filosofia Jesus-mais-alguma-coisa como herética. Se somos salvos, insistia ele, é somente porque Deus, em sua misericórdia, nos puxou do fundo, e não porque subimos em seu bote, pegamos um remo e seguimos viagem ao seu lado.

Que o livro de Colossenses faça você se lembrar desta grandiosa verdade: Jesus é tudo para nós. Ele é tudo de que nossa alma precisa e tudo que nosso coração deseja. Nós nos tornamos diferentes e fazemos a diferença ao conduzir nossa vida em torno do incomparável Cristo.

LIÇÃO 1

Fé, esperança e amor

Reflexão

A prática de escrever cartas vem, muito rapidamente, se tornando uma relíquia de tempos passados. Num mundo de celulares, mensagens de textos e *e-mails*, pouquíssimas pessoas ainda se sentam com papel e caneta a fim de compor uma correspondência atenciosa. Quais são os seus hábitos de redigir cartas?

Situação

Colossenses é a carta de Paulo a uma igreja bombardeada por uma miscelânea de ensinos heréticos. A mensagem do apóstolo: Cristo é preeminente. Ele é Criador e Senhor — o todo-suficiente Salvador do mundo. Em nossa união com ele — pela graça e por meio da fé — os cristãos encontram tudo de que precisam.

Observação

Leia Colossenses 1.1-8 da NVI ou da RA.

Nova Versão Internacional

1 Paulo, apóstolo de Cristo Jesus pela vontade de Deus, e o irmão Timóteo,
2 aos santos e fiéis irmãos em Cristo que estão em Colossos:
A vocês, graça e paz da parte de Deus nosso Pai e do Senhor Jesus Cristo.
3 Sempre agradecemos a Deus, o Pai de nosso Senhor Jesus Cristo, quando
oramos por vocês, 4 pois temos ouvido falar da fé que vocês têm em Cristo Jesus
e do amor que têm por todos os santos, 5 por causa da esperança que lhes está
reservada nos céus, a respeito da qual vocês ouviram por meio da palavra da
verdade, o evangelho 6 que chegou até vocês. Por todo o mundo este evangelho
vai frutificando e crescendo, como também ocorre entre vocês, desde o dia em
que o ouviram e entenderam a graça de Deus em toda a sua verdade. 7 Vocês o

aprenderam de Epafras, nosso amado cooperador, fiel ministro de Cristo para
conosco, 8 que também nos falou do amor que vocês têm no Espírito.

Almeida Revista e Atualizada

1 Paulo, apóstolo de Cristo Jesus, por vontade de Deus, e o irmão Timóteo,
2 aos santos e fiéis irmãos em Cristo que se encontram em Colossos, graça e paz
a vós outros, da parte de Deus, nosso Pai.
3 Damos sempre graças a Deus, Pai de nosso Senhor Jesus Cristo, quando
oramos por vós, 4 desde que ouvimos da vossa fé em Cristo Jesus e do amor que
tendes para com todos os santos; 5 por causa da esperança que vos está preser-
vada nos céus, da qual antes ouvistes pela palavra da verdade do evangelho,
6 que chegou até vós; como também, em todo o mundo, está produzindo fruto
e crescendo, tal acontece entre vós, desde o dia em que ouvistes e entendestes a
graça de Deus na verdade; 7 segundo fostes instruídos por Epafras, nosso ama-
do conservo e, quanto a vós outros, fiel ministro de Cristo, 8 o qual também nos
relatou do vosso amor no Espírito.

Exploração

1. O que esse breve parágrafo introdutório nos ensina sobre os colossenses?

2. Por que Paulo era grato aos colossenses?

3. O que a Bíblia quer dizer ao falar de “esperança”?

4. Qual a conexão entre fé, esperança e amor?

5. Qual sua principal recordação do dia em que ouviu e entendeu "a graça de Deus em toda a sua verdade" (v. 6)?

Inspiração

Jesus disse: "Eu sou o pão da vida. Eu sou a luz do mundo. Eu sou a ressurreição e a vida. Eu sou a porta. Eu sou o caminho, a verdade e a vida. Eu voltarei e os levarei para mim".

Jesus proclama — sempre oferecendo, mas jamais forçando.

Em pé à frente do paralítico: "Você quer ser curado?" (Jo 5.6).

Olhos nos olhos do cego, agora curado: "Você crê no filho do homem?" (Jo 9.35).

Junto à tumba de Lázaro, sondando o coração de Marta: "Quem vive e crê em mim não morrerá eternamente. Você crê nisso?" (Jo 11.26).

Pondo à prova a motivação de Pilatos: "Essa pergunta é tua, ou outros te falaram a meu respeito?" (Jo 18.34).

Na primeira vez em que João registra Jesus falar, o Messias faz uma pergunta: "O que vocês querem?" (Jo 1.38). Entre as últimas palavras de Jesus, outra pergunta: "Você me ama?" (21.17).

Este é o Jesus de que João se lembra. Perguntas honestas. Afirmações extraordinárias. Toque suave. Nunca ia a lugar nenhum sem que o convidassem; mas, uma vez convidado, não ia embora sem antes cumprir sua missão, sem que uma decisão tivesse sido tomada.

Deus sussurrará. Ele gritará. Ele tocará e puxará com força. Ele levará nossos fardos; ele levará até mesmo nossas bênçãos. Se houver cem passos entre ele e nós, ele os andará todos, com exceção de um. Ele deixará o passo final para nós. A escolha é nossa.

Por favor, entenda: o objetivo divino não é fazer você feliz, é fazer que você seja dele. O objetivo divino não é lhe conceder o que você quer, mas sim o que você precisa. O desconforto terreno é uma venturosa pechincha diante da paz celestial. Jesus disse:

"Neste mundo vocês terão aflições; contudo, tenham ânimo! Eu venci o mundo" (Jo 16.33).

TRECHO DE *OUVINDO DEUS NA TORMENTA*

REAÇÃO

6. Os colossenses ouviram a mensagem sobre Cristo por meio de Epafras. Quem Deus usou para partilhar as boas-novas com você?

7. Paulo se refere a seus leitores como "santos" (v. 2), ou seja, separados ou dedicados unicamente para o uso de Deus. Quais as implicações práticas disso?

8. Que aspecto de sua vida provocaria sentimentos de gratidão em seu pastor, líder de pequeno grupo ou mentor?

9. De que maneira o evangelho está frutificando e crescendo em sua vida?

10. Como saber se estamos demonstrando amor no Espírito (v. 8)?

11. O que significa ser "santo"?

Lições de vida

Coisas maravilhosas acontecem quando depositamos nossa fé em Cristo. Nós nascemos de novo (Jo 3). Tornamo-nos filhos de Deus (Jo 1). Nossos pecados são perdoados (Ef 1). Recebemos vida eterna (1Jo 5). O Espírito de Deus passa a habitar em nós (Rm 8). Não só desfrutamos de todas essas bênçãos como também somos infundidos de esperança. A esperança bíblica não é um desejo vago a respeito do futuro; é uma expectativa confiante e convicta. Com essa esperança, recebemos também uma nova capacidade de amar as pessoas. Fé, esperança e amor. Essas são as características que definem o indivíduo que experimentou nova vida em Cristo!

Devoção

Pai no céu, obrigado por abrires meus olhos — meu coração — para a verdade do evangelho. Aprofunda minha fé. Fortalece minha esperança. Aumenta meu amor. Faze o evangelho dar muitos frutos em minha vida e por meio dela. No grande nome de Cristo, eu oro.

- Para mais passagens bíblicas sobre fé, esperança e amor, leia Romanos 5.1-5; 1Coríntios 13.13; Gálatas 5.5-6; 1Tessalonicenses 1.3; 5.8; 1Pedro 1.21-22.
- Para completar os livros de Colossenses e Filemom durante este estudo em doze partes, leia Colossenses 1.1-8.

Para pensar

Como uma esperança profunda e persistente em Cristo gera uma vida plena de amor?

LIÇÃO 2

Orando com poder

Reflexão

Neste exato momento, em todo o mundo, há cristãos orando. Em caminhões. Em elevadores. Em quartéis. Presos no trânsito. À espera em UTIs. Conversando com Deus. Ouvindo Deus. Agradecendo por bênçãos maravilhosas. Pedindo milagres "impossíveis". Quem são as pessoas que oram fielmente por você? Quem são as pessoas que você deseja que orem em seu favor?

Situação

A igreja em Colossos foi fundada por Epafras, um companheiro de ministério do apóstolo Paulo. Apesar de nunca haver visitado essa igreja, o apóstolo orava constantemente por esses irmãos — para que crescessem e alcançassem maturidade, principalmente em vista de falsos ensinamentos.

Observação

Leia Colossenses 1.9-14 da NVI ou da RA.

Nova Versão Internacional

9 Por essa razão, desde o dia em que o ouvimos, não deixamos de orar
por vocês e de pedir que sejam cheios do pleno conhecimento da vonta-
de de Deus, com toda a sabedoria e entendimento espiritual. 10 E isso para
que vocês vivam de maneira digna do Senhor e em tudo possam agradá-lo,
frutificando em toda boa obra, crescendo no conhecimento de Deus e 11 sen-
do fortalecidos com todo o poder, de acordo com a força da sua glória, para
que tenham toda a perseverança e paciência com alegria, 12 dando graças ao
Pai, que nos tornou dignos de participar da herança dos santos no reino da
luz. 13 Pois ele nos resgatou do domínio das trevas e nos transportou para o

Reino do seu Filho amado, [14] *em quem temos a redenção, a saber, o perdão dos pecados.*

Almeida Revista e Atualizada

[9] *Por esta razão, também nós, desde o dia em que o ouvimos, não cessamos de orar por vós e de pedir que transbordeis de pleno conhecimento da sua vontade, em toda a sabedoria e entendimento espiritual;* [10] *a fim de viverdes de modo digno do Senhor, para o seu inteiro agrado, frutificando em toda boa obra e crescendo no pleno conhecimento de Deus;* [11] *sendo fortalecidos com todo o poder, segundo a força da sua glória, em toda a perseverança e longanimidade; com alegria,* [12] *dando graças ao Pai, que vos fez idôneos à parte que vos cabe da herança dos santos na luz.*

[13] *Ele nos libertou do império das trevas e nos transportou para o reino do Filho do seu amor,* [14] *no qual temos a redenção, a remissão dos pecados.*

Exploração

1. Como você descreveria seus hábitos de oração em favor de outras pessoas?

____

____

2. O que Paulo pede especificamente? De quais dessas virtudes ou capacidades você mais precisa?

____

____

3. Preste atenção no conteúdo da oração de Paulo pelos colossenses. De que maneira as petições do apóstolo em favor deles se assemelham às orações que você faz pelos outros?

____

____

4. Que verdades a respeito de Deus e dos dons que ele nos concede Paulo menciona como fundamento para seus pedidos?

5. As orações de Paulo eram bastante focadas em Cristo e centradas em Deus. De que modo o conhecimento profundo de Deus aperfeiçoa a vida de oração do cristão?

Inspiração

A chave para conhecer o coração de Deus consiste em ter um relacionamento com ele. Um relacionamento *pessoal*. Deus falará com você de maneira diferente da que ele fala com outra pessoa. Não é porque Deus falou com Moisés por meio de uma sarça em chamas que devemos todos ajuntar-nos ao lado de um arbusto à espera de que ele fale conosco. Deus usou um peixe para convencer Jonas. Isso significa que devemos realizar cultos em alto-mar? Não. Deus revela seu coração conforme as necessidades individuais de cada um de nós.

Por essa razão, é essencial caminhar com Deus. Não se pode conhecer o coração dele num bate-papo ocasional ou numa visita semanal.

Se você escolhesse um nome ao acaso na lista telefônica e me perguntasse: "Max, o que Fulano da Silva pensa do adultério?", eu não poderia responder. Eu não conheço Fulano da Silva. Porém, se você me perguntasse: "Max, o que Denalyn Lucado pensa do adultério?", eu nem precisaria chamá-la. Eu sei. Ela é minha esposa. Nós já caminhamos juntos por tempo suficiente para eu saber o que ela pensa.

O mesmo acontece com Deus. Caminhe com Deus por tempo suficiente e você passará a conhecer o coração dele. Ao passar tempo com Deus em seus estudos, você enxergará a paixão que o move. Convide-o a entrar pelo portão de sua alma e você conhecerá a vontade divina.

Trecho de *A grande casa de Deus*

Reação

6. Como você caracterizaria sua vida de oração: uma conversa contínua com Deus ou um bate-papo ocasional? Explique sua resposta.

7. Em sua opinião, por que as orações feitas em grupos costumam ser "cautelosas" (p. ex., para a vizinha da tia Marta que tem câncer), e não pessoais (p. ex., para minha luta contra a inveja)? Como evitamos isso?

8. Que conselho você daria a um novo convertido que busca firmar uma vida saudável de oração?

9. Em termos porcentuais, quanto das orações que você faz é focado em suas próprias necessidades e desejos em comparação às necessidades alheias?

10. Qual é sua opinião sobre o hábito de manter uma lista ou um diário de oração?

11. Quais são as duas mudanças que você deseja realizar em sua vida de oração?

Lições de vida

Alguém disse, brincando: "Não entendo muito do grande mistério da oração. Só sei o seguinte: quando eu oro, Deus faz coisas maravilhosas, e quando eu não oro, não acontece muita coisa". Por mais que seja difícil de entender, é verdade: o Senhor estabeleceu que nossas orações desempenhariam papel fundamental na construção de seu reino! Sendo assim, quais são as diretrizes básicas do Novo Testamento para a oração eficaz? Orem de modo abnegado e de coração puro (Tg 4.3). Orem continuamente (1Ts 5.17). Orem crendo que Deus vai agir (Mc 11.24). Orem de acordo com a vontade divina (Jo 15.7). Acima de tudo, orem com o coração entregue aos propósitos supremos de Deus (Lc 22.42).

Devoção

Deus, enche-me do conhecimento da tua vontade. Concede-me sabedoria e perspicácia espirituais para que eu possa viver o tipo de vida que te agrada. Faze-me frutificar e ajuda-me a conhecer a ti cada vez mais à medida que vivo em tua infinita força.

- Para mais passagens bíblicas sobre oração, leia Salmos 66.18; Marcos 1.35; Filipenses 4.6-7; Tiago 1.6; 5.16; 1João 3.22.
- Para completar os livros de Colossenses e Filemom durante este estudo em doze partes, leia Colossenses 1.9-14.

Para pensar

Reescreva a oração de Paulo em Colossenses 1 com suas próprias palavras e personalize-a tendo em vista sua vida e as pessoas de sua família.

A supremacia de Cristo

Reflexão

A história está repleta de personagens interessantes e marcantes. Imagine um jantar festivo em que você pudesse convidar oito pessoas, vivas ou mortas, famosas ou desconhecidas. Quem estaria em sua lista de convidados e por quê?

Situação

Quando se deu conta de que os cristãos em Colossos estavam se sujeitando a todo tipo de conceitos religiosos falsos e estranhos, Paulo lhes escreveu a fim de lhes relembrar esta mensagem básica: Jesus Cristo é Deus encarnado. Ele criou e sustém o universo. Salvador do mundo, ele é tudo de que nossa alma precisa.

Observação

Leia Colossenses 1.15-23 da NVI ou da RA.

Nova Versão Internacional

15 *Ele é a imagem*
do Deus invisível,
o primogênito
sobre toda a criação,
16 *pois nele foram criadas*
todas as coisas
nos céus e na terra,
as visíveis e as invisíveis,
sejam tronos ou soberanias,
poderes ou autoridades;
todas as coisas foram criadas por ele e para ele.

[17] *Ele é antes de todas as coisas,*
e nele tudo subsiste.
[18] *Ele é a cabeça do corpo,*
que é a igreja;
é o princípio e o primogênito
dentre os mortos,
para que em tudo tenha a supremacia.
[19] *Pois foi do agrado de Deus*
que nele habitasse toda a plenitude,
[20] *e por meio dele reconciliasse consigo*
todas as coisas,
tanto as que estão na terra
quanto as que estão nos céus,
estabelecendo a paz
pelo seu sangue derramado na cruz.

Almeida Revista e Atualizada

[15] Este é a imagem do Deus invisível, o primogênito de toda a criação;
[16] pois, nele, foram criadas todas as coisas, nos céus e sobre a terra, as visíveis
e as invisíveis, sejam tronos, sejam soberanias, quer principados, quer potes-
tades. Tudo foi criado por meio dele e para ele. [17] Ele é antes de todas as coisas.
Nele, tudo subsiste. [18] Ele é a cabeça do corpo, da igreja. Ele é o princípio, o pri-
mogênito de entre os mortos, para em todas as coisas ter a primazia, [19] porque
aprouve a Deus que, nele, residisse toda a plenitude [20] e que, havendo feito a
paz pelo sangue da sua cruz, por meio dele, reconciliasse consigo mesmo todas
as coisas, quer sobre a terra, quer nos céus. [21] E a vós outros também que, ou-
trora, éreis estranhos e inimigos no entendimento pelas vossas obras malignas,
[22] agora, porém, vos reconciliou no corpo da sua carne, mediante a sua morte,
para apresentar-vos perante ele santos, inculpáveis e irrepreensíveis, [23] se é que
permaneceis na fé, alicerçados e firmes, não vos deixando afastar da esperança
do evangelho que ouvistes e que foi pregado a toda criatura debaixo do céu, e
do qual eu, Paulo, me tornei ministro.

Exploração

1. O que há de significativo nas palavras e frases usadas por Paulo nessa passagem para descrever a natureza de Cristo?

____

____

2. Que comparação é possível traçar entre essa descrição e a maneira como muitos em nossa cultura enxergam a Cristo?

3. O que significa dizer que em tudo Jesus tem a supremacia (v. 18)?

4. Ao descrever a obra de salvação promovida por Jesus, Paulo se refere a seus leitores, antes da conversão, como "inimigos" de Deus (v. 21). Por que ele utiliza esse termo?

5. Como você explica Cristo (quem ele é e o que ele fez) a seus amigos não cristãos?

Inspiração

Não faça confusão: Jesus via a si mesmo como Deus. Ele nos deixou com duas opções: aceitá-lo como Deus ou rejeitá-lo como megalomaníaco. Não há terceira alternativa.

Ah, mas nós tentamos criar uma opção. Imagine que eu fizesse a mesma coisa. Imagine que você se aproxima de mim à beira da estrada. Eu posso ir para o norte ou para o sul. Você me pergunta para onde estou indo. Minha resposta?

— Estou indo para o *norsul*.

Pensando não ter me ouvido direito, você pede que eu repita.

— Estou indo para o *norsul*. Não consigo escolher entre norte e sul, então estou indo para ambos. Vou para o *norsul*.

— Não é possível fazer isso — você responde. — É preciso escolher um dos dois.

— Tudo bem — eu concordo. — Vou para o *sulorte*.

— Não existe a opção *sulorte*! — você insiste. — É norte ou sul. Um caminho ou outro. Direita ou esquerda. Em relação a esta estrada, é preciso escolher um lado!

Em relação a Cristo, é preciso fazer o mesmo. Chame-o de louco ou coroe-o como rei. Descarte-o como fraude ou declare que ele é Deus. Afaste-se dele ou curve-se perante ele, mas não brinque com ele. Não o chame de grande homem. Não o aliste entre os caras bonzinhos. Não o coloque ao lado de Moisés, Elias, Buda, Joseph Smith, Maomé ou Confúcio. Ele não deixou essa opção. Ou ele é Deus ou é ateu. Enviado do céu ou saído do inferno. Esperança plena ou total especulação. Mas de nenhum modo uma opção intermediária.

TRECHO DE *O SALVADOR MORA AO LADO*

REAÇÃO

6. Você concorda com essa lógica — de que Cristo deve ser considerado ou Senhor de tudo ou um lunático mentiroso?

____

____

7. Como sua vida seria afetada hoje caso você se lembrasse conscientemente de que "todas as coisas foram criadas por ele [Cristo] e *para* ele" (v. 16)?

____

____

8. Paulo desafia seus leitores a prosseguir na fé e a não se afastar "da esperança do evangelho" (v. 23). Que coisas podem afastar você de Cristo hoje?

____

____

9. De que modo uma compreensão errada da natureza de Cristo ou a ignorância a respeito da obra dele pode nos afetar sobremaneira?

---

10. Que pessoas, coisas ou desejos em sua vida competem com o senhorio de Cristo?

---

11. Quais as três mudanças práticas que você pode realizar em seu modo de pensar, em sua agenda etc., para fazer refletir a supremacia de Cristo em sua vida hoje?

Lições de vida

Em nosso mundo ruidoso e espalhafatoso, é o "novo e melhorado" que recebe toda a atenção. Somos atraídos por coisas grandes e barulhentas. Focamos nossa atenção em coisas bizarras e chocantes. E gostamos de *upgrades*. Estamos sempre em busca de transações e transições. Quanto mais na moda, quanto mais fora do convencional, mais atraente será para nossa cultura voltada à imagem. O resultado é que a "velha história" do evangelho é cada vez mais encarada como algo trivial e ultrapassado. Por que seguir Jesus, um personagem da antiguidade, quando podemos seguir o mais recente guru da Nova Era? Porque, como nos lembra Paulo, Jesus é o início e o fim de tudo. Todo conhecimento, todo poder, toda beleza, todo mistério e todo valor se encontram nele. Ele é o único capaz de satisfazer os anseios mais profundos de nosso coração. A busca incessante da raça humana se encerra na cruz de Cristo.

Devoção

Senhor Jesus, obrigado por me criares, salvares e susteres. Eu te entronizo agora como o rei de minha vida. Dá-me olhos para te ver. Dá-me ouvidos para te ouvir. Dá-me coragem para te mostrar às pessoas e te partilhar com o mundo ao redor.

- Para mais passagens bíblicas sobre a preeminência de Cristo, leia João 1.1-18; Efésios 1.22-23; Hebreus 1.1-3; Apocalipse 5.1-14.
- Para completar os livros de Colossenses e Filemom durante este estudo em doze partes, leia Colossenses 1.15-23.

Para pensar

Descreva o que Cristo significa para você.

SERVINDO A CRISTO

REFLEXÃO

Um fenômeno bastante consistente ocorre na igreja de hoje. É mais ou menos assim: "*Vinte* por cento dos membros e frequentadores ativos são responsáveis por *oitenta* por certo do serviço e da contribuição". Reflita a respeito disso por alguns instantes. Como explicar tamanho desequilíbrio?

SITUAÇÃO

Embora estivesse aprisionado por pregar o evangelho, o apóstolo Paulo escreveu essa breve carta de encorajamento a cristãos que ele jamais havia conhecido. Na epístola, ele os exorta a resistir a falsos ensinamentos sobre Cristo e a perseverar na fé nos períodos de provação e desânimo, confiando sempre no infinito poder de Cristo.

OBSERVAÇÃO

Leia Colossenses 1.24-29 da NVI ou da RA.

Nova Versão Internacional

24 *Agora me alegro em meus sofrimentos por vocês, e completo no meu corpo*
o que resta das aflições de Cristo, em favor do seu corpo, que é a igreja.
25 *Dela*
me tornei ministro de acordo com a responsabilidade, por Deus a mim atribuída, de apresentar-lhes plenamente a palavra de Deus,
26 *o mistério que esteve*
oculto durante épocas e gerações, mas que agora foi manifestado a seus santos.
27 *A ele quis Deus dar a conhecer entre os gentios a gloriosa riqueza deste mistério, que é Cristo em vocês, a esperança da glória.*
28 *Nós o proclamamos, advertindo e ensinando a cada um com toda a sabedoria, para que apresentemos todo homem perfeito em Cristo.*
29 *Para isso eu*
me esforço, lutando conforme a sua força, que atua poderosamente em mim.

Almeida Revista e Atualizada

24 Agora, me regozijo nos meus sofrimentos por vós; e preencho o que res-
ta das aflições de Cristo, na minha carne, a favor do seu corpo, que é a igreja;
25 da qual me tornei ministro de acordo com a dispensação da parte de Deus,
que me foi confiada a vosso favor, para dar pleno cumprimento à palavra de
Deus: 26 o mistério que estivera oculto dos séculos e das gerações; agora, toda-
via, se manifestou aos seus santos; 27 aos quais Deus quis dar a conhecer qual
seja a riqueza da glória deste mistério entre os gentios, isto é, Cristo em vós,
a esperança da glória; 28 o qual nós anunciamos, advertindo a todo homem e
ensinando a todo homem em toda a sabedoria, a fim de que apresentemos todo
homem perfeito em Cristo; 29 para isso é que eu também me afadigo, esforçando-
-me o mais possível, segundo a sua eficácia que opera eficientemente em mim.

Exploração

1. Como é possível alegrar-se de fato em meio ao sofrimento?

____

____

2. O que torna o "mistério" dos versículos 26-27 tão maravilhoso? (Dica: releia Cl 1.15-19.)

____

____

3. O que significa ser, como Paulo descreveu a si mesmo, um servo da igreja?

____

____

4. Como Paulo resume sua missão, e em que aspectos essa deve ser também a nossa missão?

____

____

5. Os profetas, os apóstolos, a igreja primitiva — todos dedicados a Deus, todos comprometidos a servi-lo, todos envolvidos

constantemente em problemas. Por quê? Por que os cristãos enfrentam tantas dificuldades?

Inspiração

A brevidade da vida concede poder para persistir, não uma desculpa para escapulir. Dias fugazes não justificam problemas fugidios. Dias fugazes nos dão força para suportar os problemas. Seus problemas vão passar? Não há nenhuma garantia. Sua dor vai cessar? Talvez sim. Talvez não. Mas o céu nos dá esta promessa: "A nossa leve e momentânea tribulação produz para nós eterno peso de glória, acima de toda comparação" (2Co 4.17, RA).

A expressão "peso de glória" suscita imagens das antigas balanças de pratos. Lembra-se do símbolo da justiça, uma mulher com os olhos vendados? Ela segura uma balança de pratos — dois deles, um de cada lado da haste. Para se determinar quanto pesava determinado produto, colocavam-se pesos em um lado e o produto no outro.

Deus faz a mesma coisa com as dificuldades que você enfrenta. De um lado ele empilha todos os seus fardos. Fomes. Demissões. Pais que se esqueceram de você. Chefes que o desprezaram. Investimentos ruins, saúde ruim, dias ruins. Empilhe-os uns sobre os outros e observe um dos pratos da balança despencar.

Agora, testemunhe a resposta de Deus. Acaso ele remove a pilha? Elimina os fardos? Não. Em vez de removê-los, ele contrabalança. Deus põe um eterno peso de glória no outro lado. Alegria sem fim. Paz sem medida. A eternidade ao lado dele. Observe o que acontece quando ele coloca a eternidade na balança da sua vida.

Tudo muda! Os pesos se levantam. Quando comparado à eternidade, o que era pesado se torna leve. Se a vida "só dura um instante", será que não podemos suportar quaisquer desafios por um instante?

Podemos ficar doentes *só por um instante.*

Podemos ficar sozinhos *só por um instante.*

Podemos ser perseguidos *só por um instante.*

Podemos lutar *só por um instante.*

Não podemos?

Não podemos esperar nossa paz? De qualquer modo, não tem a ver conosco. E certamente não tem a ver com o tempo de agora.

Trecho de *Isto não é para mim*

Reação

6. Leia 2Coríntios 4.16-18. De que forma a perspectiva eterna põe nossos sofrimentos sob uma nova ótica?

7. Como os sofrimentos de um cristão podem ser do interesse de outros cristãos ou beneficiá-los?

8. Que provações, grandes ou pequenas, você vem enfrentando em sua vida?

9. Ao pensar no amanhã ou nas semanas adiante, que diferença prática produz o fato de que Cristo, a esperança da glória, está "*em* você" (v. 27)?

10. Paulo, como apóstolo, servia ensinando e pregando. Como Deus capacitou você a servir?

11. O serviço cristão envolve esforço (literalmente, trabalho ao ponto da exaustão) e, ao mesmo tempo, confiança no poder infinito do Senhor. Qual o maior esforço que você tem feito para sua igreja?

Lições de vida

Se Cristo apenas estivesse *conosco*, já seria fantástico. Ainda mais incrível, porém, é a declaração do Novo Testamento de que ele está *em* nós. Pense nisto: o Príncipe da Paz, o Bom Pastor, o grande Eu Sou — vivendo em nosso coração. As implicações são desconcertantes! As possibilidades são infinitas! Que fez Paulo com essa verdade estonteante? Simples. Ele serviu. Ele dedicou sua vida pelos outros. E por que não? Afinal, o Cristo que o encheu (e o mesmo Jesus que vive em nós) descreveu a si mesmo como alguém que veio não para ser servido, mas para servir. Quanto mais entendermos a verdade de Cristo "em nós", mais disposição teremos para usar nossos dons e energia a fim de abençoar outros, independentemente das dificuldades que apareçam.

Devoção

Senhor Jesus, obrigado por fazeres de mim o teu lar. Que mistério maravilhoso, e que verdade esperançosa! Posso todas as coisas por meio de Cristo. Ajuda-me a empenhar-me no serviço a outros com toda a força que tu me concedes.

- Para mais passagens bíblicas sobre servir, leia Marcos 10.43-45; João 13.14; 2Coríntios 4.11; 12.7-10; Gálatas 6.2,10; Filipenses 2.5-8; 1Pedro 4.10-11.
- Para completar os livros de Colossenses e Filemom durante este estudo em doze partes, leia Colossenses 1.24-29.

Para pensar

O desejo de Deus para nós é que nos tornemos servos maduros. Descreva as principais áreas em que você precisa crescer.

ANDANDO COM CRISTO

REFLEXÃO

"Por que vocês não praticam o que pregam?" Tal acusação — a alegação de hipocrisia — é a principal crítica contra os cristãos e a fé cristã. E trata-se de um curioso dilema. Como explicar a tendência comum entre tantos cristãos de serem "espiritualmente esquizofrênicos", isto é, agir de certo modo em determinadas ocasiões e de maneira totalmente diferente em outras?

SITUAÇÃO

Paulo, o missionário com coração de pastor, escreve aos cristãos em Colossos, os quais ele não conhecia, a fim de encorajá-los a fazer do Senhor Jesus Cristo o centro de sua vida. Num mundo de filosofias concorrentes e sistemas de crenças conflitantes, Cristo é a fonte definitiva de sabedoria e sentido.

OBSERVAÇÃO

Leia Colossenses 2.1-10 da NVI ou da RA.

Nova Versão Internacional

1 Quero que vocês saibam quanto estou lutando por vocês, pelos que estão em
Laodiceia e por todos os que ainda não me conhecem pessoalmente. 2 Esforço-
-me para que eles sejam fortalecidos em seu coração, estejam unidos em amor
e alcancem toda a riqueza do pleno entendimento, a fim de conhecerem ple-
namente o mistério de Deus, a saber, Cristo. 3 Nele estão escondidos todos os
tesouros da sabedoria e do conhecimento. 4 Eu lhes digo isso para que ninguém
os engane com argumentos que só parecem convincentes. 5 Porque, embora es-
teja fisicamente longe de vocês, em espírito estou presente, e me alegro em ver
como estão vivendo em ordem e como está firme a fé que vocês têm em Cristo.

6 Portanto, assim como vocês receberam Cristo Jesus, o Senhor, continuem
a viver nele, 7 enraizados e edificados nele, firmados na fé, como foram ensi-
nados, transbordando de gratidão.
8 Tenham cuidado para que ninguém os escravize a filosofias vãs e engano-
sas, que se fundamentam nas tradições humanas e nos princípios elementares
deste mundo, e não em Cristo.
9 Pois em Cristo habita corporalmente toda a plenitude da divindade, 10 e,
por estarem nele, que é o Cabeça de todo poder e autoridade, vocês receberam
a plenitude.

Almeida Revista e Atualizada

1 Gostaria, pois, que soubésseis quão grande luta venho mantendo por vós,
pelos laodicenses e por quantos não me viram face a face; 2 para que o coração deles
seja confortado e vinculado juntamente em amor, e eles tenham toda a riqueza
da forte convicção do entendimento, para compreenderem plenamente o misté-
rio de Deus, Cristo, 3 em quem todos os tesouros da sabedoria e do conhecimento
estão ocultos. 4 Assim digo para que ninguém vos engane com raciocínios fala-
zes. 5 Pois, embora ausente quanto ao corpo, contudo, em espírito, estou convosco,
alegrando-me e verificando a vossa boa ordem e a firmeza da vossa fé em Cristo.
6 Ora, como recebestes Cristo Jesus, o Senhor, assim andai nele, 7 nele ra-
dicados, e edificados, e confirmados na fé, tal como fostes instruídos, crescendo
em ações de graças.
8 Cuidado que ninguém vos venha a enredar com sua filosofia e vãs suti-
lezas, conforme a tradição dos homens, conforme os rudimentos do mundo e
não segundo Cristo; 9 porquanto, nele, habita, corporalmente, toda a plenitu-
de da Divindade. 10 Também, nele, estais aperfeiçoados. Ele é o cabeça de todo
principado e potestade.

Exploração

1. Como é possível ter uma preocupação espiritual profunda por pessoas que não conhecemos?

____

____

2. Como se pode aprender a distinguir entre a “verdade verdadeira” e “argumentos que só parecem convincentes” (v. 4)?

____

____

3. Paulo impulsiona seus leitores a uma fé mais sólida e estável. O que indica, na prática, que uma pessoa está amadurecendo espiritualmente?

---

4. Qual o conselho de Paulo ao indivíduo que está faminto da sabedoria verdadeira e em busca de iluminação espiritual?

---

5. Observe todas as referências a estar "em Cristo" ou "nele". Por que esse conceito é tão importante?

Inspiração

Deus pode ser sua habitação.

Deus *quer* ser sua habitação. Ele não tem interesse em ser um refúgio de fim de semana, um bangalô visitado aos domingos ou um chalé de veraneio. Não considere a possibilidade de usar Deus como casa de férias ou de retiros ocasionais. Ele quer você debaixo do teto dele, agora e sempre. Ele quer ser o seu endereço, seu ponto de referência; ele quer ser o seu lar. Ouça a promessa do Filho: "Se alguém me ama, obedecerá à minha palavra. Meu Pai o amará, nós viremos a ele e faremos morada nele" (Jo 14.23).

Para muitos, trata-se de uma ideia nova. Pensamos em Deus como uma divindade a discutir, não um lugar para morar. Pensamos em Deus como um misterioso operador de milagres, não como uma casa para viver. Pensamos em Deus como um criador a ser invocado, não um lar para residir. Mas nosso Pai deseja muito mais. Ele deseja ser aquele em quem "vivemos, nos movemos e existimos" (At 17.28).

Quando Jeová conduziu os filhos de Israel pelo deserto, ele não apenas apareceu certo dia e depois os abandonou. A coluna de fogo estava presente durante toda a noite; a nuvem estava presente o dia inteiro. Nosso Deus jamais nos abandona. "Eu estarei sempre com vocês", ele prometeu (Mt 28.20). Nossa fé dá um salto quando compreendemos a presença perpétua do Pai. Nosso Jeová é o fogo de nossa noite e a nuvem de nosso dia. Ele jamais nos abandona.

Os céus não conhecem a diferença entre a manhã de domingo e a tarde de quarta-feira. Deus deseja falar tão claramente no local de trabalho quanto o faz no santuário. Deseja ser adorado quando nos sentamos à mesa de jantar, e não apenas quando nos dirigimos à mesa de comunhão. Você pode passar dias sem pensar nele, mas não há um momento sequer em que ele não esteja pensando em você.

TRECHO DE *A GRANDE CASA DE DEUS*

REAÇÃO

6. De que modo a vida em Cristo ou a caminhada com ele, momento após momento, é diferente de como muitos cristãos entendem a fé?

7. Hollywood representou a vida de Cristo em vários filmes. Qual dessas representações — se houver alguma — fizeram você buscar uma fé mais profunda nele?

8. Como você explicaria o versículo 6 a um recém-convertido?

9. Os colossenses eram abençoados por ter um mentor espiritual firme como Paulo. Quem são os santos mais velhos e sábios que exortam você na fé?

____

____

10. Que significa estar "aperfeiçoado" (v. 10, RA) ou "receber a plenitude" (NVI) por estar em Cristo?

____

____

11. Paulo usa a metáfora do cristão enraizado em Cristo. Como você pode desenvolver raízes espirituais mais firmes e profundas esta semana?

____

____

Lições de vida

Como um CD *player* que executa a mesma faixa repetidas vezes, Paulo retorna constantemente ao mesmo tema: Cristo é suficiente porque é definitivo. Não há verdade maior. Não há outra fonte de satisfação. Podemos sair mundo afora à procura de sabedoria; podemos passar a vida à caça de sentido e paz interior. Mas somente em Cristo encontramos as respostas pelas quais nossa alma anseia. "Nele estão escondidos todos os tesouros da sabedoria e do conhecimento" (v. 3). A busca pela satisfação se encerra aos pés de Jesus. E ali a grande jornada, a longa aventura da fé, inicia-se quando começamos nossa caminhada com ele.

Devoção

Senhor Jesus, eu te recebi pela fé, portanto devo continuar a viver em ti pela fé. Num mundo cheio de ideias falsas, concede-me graça e sabedoria para aprender a ter discernimento. Faze-me sempre lembrar que em ti "estão escondidos todos os tesouros da sabedoria e do conhecimento".

- Para mais passagens bíblicas sobre caminhada cristã, leia João 15.1-11; Romanos 6.4; 2Coríntios 5.7; Gálatas 5.16-25; Efésios 4.1; 1João 1.6-7.
- Para completar os livros de Colossenses e Filemom durante este estudo em doze partes, leia Colossenses 2.1-10.

Para pensar

No atual momento de sua caminhada espiritual, quais são suas principais lutas?

LIÇÃO 6

VÃS FILOSOFIAS

REFLEXÃO

Seitas sobrevivencialistas em Montana. Grupos poligâmicos em Utah. Estrelas de Hollywood trombeteando a cientologia. Acadêmicos ateus defendendo o naturalismo. O fato é que nossa cultura tem quase tantas visões de mundo quanto pessoas! Que filosofias anticristãs ou crenças religiosas extrabíblicas são populares em seu país?

SITUAÇÃO

O apóstolo Paulo, em prisão domiciliar em Roma, escreveu com o intuito de desafiar os cristãos em Colossos a superar toda a desordem espiritual fajuta e obsoleta de sua cultura e tornar Jesus Cristo o centro de sua fé.

OBSERVAÇÃO

Leia Colossenses 2.11-23 da NVI ou da RA.

Nova Versão Internacional

11 *Nele também vocês foram circuncidados, não com uma circuncisão fei-
ta por mãos humanas, mas com a circuncisão feita por Cristo, que é o despojar
do corpo da carne.* 12 *Isso aconteceu quando vocês foram sepultados com ele no
batismo, e com ele foram ressuscitados mediante a fé no poder de Deus que o
ressuscitou dentre os mortos.*

13 *Quando vocês estavam mortos em pecados e na incircuncisão da sua car-
ne, Deus os vivificou com Cristo. Ele nos perdoou todas as transgressões,* 14 *e
cancelou a escrita de dívida, que consistia em ordenanças, e que nos era con-
trária. Ele a removeu, pregando-a na cruz,* 15 *e, tendo despojado os poderes e
as autoridades, fez deles um espetáculo público, triunfando sobre eles na cruz.*

16 Portanto, não permitam que ninguém os julgue pelo que vocês comem ou bebem, ou com relação a alguma festividade religiosa ou à celebração das luas novas ou dos dias de sábado. 17 Estas coisas são sombras do que haveria de vir; a realidade, porém, encontra-se em Cristo. 18 Não permitam que ninguém que tenha prazer numa falsa humildade e na adoração de anjos os impeça de alcançar o prêmio. Tal pessoa conta detalhadamente suas visões, e sua mente carnal a torna orgulhosa. 19 Trata-se de alguém que não está unido à Cabeça, a partir da qual todo o corpo, sustentado e unido por seus ligamentos e juntas, efetua o crescimento dado por Deus.

20 Já que vocês morreram com Cristo para os princípios elementares deste mundo, por que, como se ainda pertencessem a ele, vocês se submetem a regras: 21 "Não manuseie!", "Não prove!", "Não toque!"? 22 Todas essas coisas estão destinadas a perecer pelo uso, pois se baseiam em mandamentos e ensinos humanos. 23 Essas regras têm, de fato, aparência de sabedoria, com sua pretensa religiosidade, falsa humildade e severidade com o corpo, mas não têm valor algum para refrear os impulsos da carne.

Almeida Revista e Atualizada

11 Nele, também fostes circuncidados, não por intermédio de mãos, mas no despojamento do corpo da carne, que é a circuncisão de Cristo, 12 tendo sido sepultados, juntamente com ele, no batismo, no qual igualmente fostes ressuscitados mediante a fé no poder de Deus que o ressuscitou dentre os mortos. 13 E a vós outros, que estáveis mortos pelas vossas transgressões e pela incircuncisão da vossa carne, vos deu vida juntamente com ele, perdoando todos os nossos delitos; 14 tendo cancelado o escrito de dívida, que era contra nós e que constava de ordenanças, o qual nos era prejudicial, removeu-o inteiramente, encravando-o na cruz; 15 e, despojando os principados e as potestades, publicamente os expôs ao desprezo, triunfando deles na cruz.

16 Ninguém, pois, vos julgue por causa de comida e bebida, ou dia de festa, ou lua nova, ou sábados, 17 porque tudo isso tem sido sombra das coisas que haviam de vir; porém o corpo é de Cristo.

18 Ninguém se faça árbitro contra vós outros, pretextando humildade e culto dos anjos, baseando-se em visões, enfatuado, sem motivo algum, na sua mente carnal, 19 e não retendo a cabeça, da qual todo o corpo, suprido e bem vinculado por suas juntas e ligamentos, cresce o crescimento que procede de Deus.

20 Se morrestes com Cristo para os rudimentos do mundo, por que, como se vivêsseis no mundo, vos sujeitais a ordenanças: 21 não manuseies isto, não proves aquilo, não toques aquiloutro, 22 segundo os preceitos e doutrinas dos homens? Pois que todas estas coisas, com o uso, se destroem. 23 Tais coisas, com efeito, têm aparência de sabedoria, como culto de si mesmo, e de falsa humildade, e de rigor ascético; todavia, não têm valor algum contra a sensualidade.

Exploração

1. Como você explicaria as diferenças entre o ritual judaico da circuncisão e a circuncisão espiritual que Paulo menciona nos versículos 11-12?

2. Por que, em suas cartas, Paulo retorna repetidamente à cruz de Cristo (compare Cl 2.13-15 com 1Co 1.23 e 2.8)?

3. Paulo trata de algumas das severas regras religiosas defendidas na antiga Colossos. Que restrições legalistas, de origem humana, são comuns em sua igreja ou círculo espiritual?

4. Por que indivíduos e instituições religiosas se sentem tão desconfortáveis em relação à liberdade espiritual e buscam tão arduamente controlar os outros?

5. Como podemos distinguir entre instruções espirituais saudáveis e honrosas a Deus e regras religiosas criadas pelo homem?

Inspiração

Se você sempre pensou em Jesus como um sujeito tímido e tranquilo, leia Mateus 23 e conheça o outro lado: um pai enfurecido denunciando os cafetões que prostituíram seus filhos e filhas.

Por sete vezes ele os chama de hipócritas. Cinco vezes ele os chama de cegos. Ele os denuncia e profetiza que serão arruinados. Nada a ver com atitudes de um profissional de relações públicas.

No meio da correnteza de palavras, porém, existe uma ilha segura de instrução. Em algum instante entre as rajadas de fogo, Jesus guarda sua metralhadora, volta-se para seus assustados discípulos e descreve a essência da fé simples. Quatro versículos: uma leitura tão breve quanto prática. Chame-a de solução de Cristo para as complicações do cristianismo.

> Mas vocês não devem ser chamados mestres; um só é o Mestre de vocês, e todos vocês são irmãos. A ninguém na terra chamem "pai", porque vocês só têm um Pai, aquele que está nos céus. Tampouco vocês devem ser chamados "chefes", porquanto vocês têm um só Chefe, o Cristo. O maior entre vocês deverá ser servo. Pois todo aquele que a si mesmo se exaltar será humilhado, e todo aquele que a si mesmo se humilhar será exaltado.
>
> Mateus 23.8-12

Como simplificar sua fé? Como livrar-se da desordem? Como descobrir uma alegria pela qual valha a pena acordar de manhã? Simples. Livre-se do intermediário.

Descubra a verdade por conta própria. "Um só é o Mestre de vocês, e todos vocês são irmãos" (Mt 23.8).

Desenvolva a verdade sozinho. "A ninguém na terra chamem 'pai', porque vocês só têm um Pai, aquele que está nos céus" (v. 9).

Discirna a vontade divina por si mesmo. "Vocês têm um só Chefe, o Cristo" (v. 10).

Existem alguns que se colocam entre Deus e você. Existem alguns que sugerem que a única maneira de chegar a Deus se dá por meio deles. Existe o grande professor que tem a palavra final sobre o ensino da Bíblia. Existe o pai que precisa abençoar seus atos. Existe o mestre espiritual que lhe dirá o que Deus quer que você faça. Esta é a mensagem de Jesus para as complicações da religião: removam os intermediários.

Ele não está dizendo que você não precisa de professores, mentores ou conselheiros. Está dizendo, contudo, que somos todos irmãos e irmãs e temos igual acesso ao Pai. Simplifique sua fé buscando a Deus por si mesmo. Nenhuma cerimônia confusa é necessária. Nenhum ritual misterioso é exigido. Nada de mediadores, nenhuma hierarquia para acessá-lo.

Você possui uma Bíblia? Então pode estudar. Tem um coração? Então pode orar. Tem uma mente? Então pode pensar.

TRECHO DE *QUANDO OS ANJOS SILENCIARAM*

REAÇÃO

6. No que diz respeito a questões de fé, em que medida você confia no Espírito de Deus como seu Conselheiro e Guia, e em que medida você faz apenas o que outros cristãos o mandam fazer?

7. Como uma igreja pode se afastar dos caminhos perigosos do legalismo?

8. De que maneira um cristão pode evitar ser atingido pelos ventos sutis do equívoco espiritual?

9. Os colossenses eram influenciados pelo ascetismo — a privação de tudo que pudesse resultar em prazer ou conforto físico. O que há de tão "espiritual" nesse estilo de vida?

10. A adoração de anjos era uma prática ancestral. Por que os anjos nos atraem ainda hoje?

____

____

11. Por que regras externas são incapazes de promover reforma interna?

____

____

Lições de vida

Nós, como seguidores de Jesus, devemos nos manter em alto estado de alerta. Tanto as Escrituras como a história demonstram como cristãos bem-intencionados, porém ingênuos, são facilmente seduzidos por alegações exóticas de cultos religiosos e fascinados pelo orgulho que as filosofias modernas produzem. Somente uma pessoa é digna da atenção de nossa mente e da afeição de nosso coração — Jesus Cristo. "A realidade [...] encontra-se em Cristo" (Cl 2.17). Se você se esforça inutilmente para cumprir uma longa lista de regras religiosas criadas pelo homem, se está confuso pelas afirmações conflitantes de gurus espirituais tagarelas, lembre-se de que Cristo veio para nos libertar. Afaste a estática espiritual de todas as outras vozes. Abra os evangelhos e ouça novamente a voz calma e suave de Jesus.

Devoção

Pai no céu, obrigado por te revelares em Cristo. Ele não só morreu por meus pecados, mas também ressuscitou para mostrar-me como preciso viver e aonde preciso ir. Ajuda-me a crescer na fé, de modo que eu consiga distinguir entre a direção genuína de teu Espírito e as falsas insinuações do maligno.

- Para mais passagens bíblicas sobre espiritualidade suspeita, leia 1Timóteo 4.1-7; 2Timóteo 3.1-9; Tito 1.10-16; 2Pedro 2.1-22; 2João 7-11; Judas 3-16.

- Para completar os livros de Colossenses e Filemom durante este estudo em doze partes, leia Colossenses 2.11-23.

Para pensar

Você está envolvido em atividades que outros cristãos desaprovam? Como você sabe se eles estão sendo legalistas ou se você tem culpa no cartório (isto é, está sendo muito negligente em sua fé)?

LIÇÃO 7

UMA VIDA DIFERENTE

REFLEXÃO

Satisfação interior. Uma vida nova e diferente. É por essas coisas que todos nós ansiamos. O que mais pode explicar nossas trocas de igreja, de cônjuge e de emprego? Que outra razão pode explicar nosso modo de consumir bens e serviços, a acentuada procura por cirurgias plásticas, o crescimento de algumas seitas? Quais as maiores e mais satisfatórias mudanças a que você já se submeteu?

SITUAÇÃO

Em contraste com as ideias religiosas intrigantes (e inócuas) que transitavam por Colossos, Paulo queria que os cristãos dali se lembrassem de que um relacionamento profundo e pessoal com Deus mediante Cristo transforma efetivamente cada aspecto da vida daquele que crê.

OBSERVAÇÃO

Leia Colossenses 3.1-17 da NVI ou da RA.

Nova Versão Internacional

1 Portanto, já que vocês ressuscitaram com Cristo, procurem as coisas que
são do alto, onde Cristo está assentado à direita de Deus. 2 Mantenham o pen-
samento nas coisas do alto, e não nas coisas terrenas. 3 Pois vocês morreram, e
agora a sua vida está escondida com Cristo em Deus. 4 Quando Cristo, que é
a sua vida, for manifestado, então vocês também serão manifestados com ele
em glória.

5 Assim, façam morrer tudo o que pertence à natureza terrena de vocês:
imoralidade sexual, impureza, paixão, desejos maus e a ganância, que é ido-
latria. 6 É por causa dessas coisas que vem a ira de Deus sobre os que vivem na

desobediência, 7 as quais vocês praticaram no passado, quando costumavam viver nelas. 8 Mas agora, abandonem todas estas coisas: ira, indignação, maldade, maledicência e linguagem indecente no falar. 9 Não mintam uns aos outros, visto que vocês já se despiram do velho homem com suas práticas 10 e se revestiram do novo, o qual está sendo renovado em conhecimento, à imagem do seu Criador. 11 Nessa nova vida já não há diferença entre grego e judeu, circunciso e incircunciso, bárbaro e cita, escravo e livre, mas Cristo é tudo e está em todos.

12 Portanto, como povo escolhido de Deus, santo e amado, revistam-se de profunda compaixão, bondade, humildade, mansidão e paciência. 13 Suportem-se uns aos outros e perdoem as queixas que tiverem uns contra os outros. Perdoem como o Senhor lhes perdoou. 14 Acima de tudo, porém, revistam-se do amor, que é o elo perfeito.

15 Que a paz de Cristo seja o juiz em seu coração, visto que vocês foram chamados para viver em paz, como membros de um só corpo. E sejam agradecidos. 16 Habite ricamente em vocês a palavra de Cristo; ensinem e aconselhem-se uns aos outros com toda a sabedoria, e cantem salmos, hinos e cânticos espirituais com gratidão a Deus em seu coração. 17 Tudo o que fizerem, seja em palavra ou em ação, façam-no em nome do Senhor Jesus, dando por meio dele graças a Deus Pai.

Almeida Revista e Atualizada

1 Portanto, se fostes ressuscitados juntamente com Cristo, buscai as coisas lá do alto, onde Cristo vive, assentado à direita de Deus. 2 Pensai nas coisas lá do alto, não nas que são aqui da terra; 3 porque morrestes, e a vossa vida está oculta juntamente com Cristo, em Deus. 4 Quando Cristo, que é a nossa vida, se manifestar, então, vós também sereis manifestados com ele, em glória.

5 Fazei, pois, morrer a vossa natureza terrena: prostituição, impureza, paixão lasciva, desejo maligno e a avareza, que é idolatria; 6 por estas coisas é que vem a ira de Deus [sobre os filhos da desobediência]. 7 Ora, nessas mesmas coisas andastes vós também, noutro tempo, quando vivíeis nelas. 8 Agora, porém, despojai-vos, igualmente, de tudo isto: ira, indignação, maldade, maledicência, linguagem obscena do vosso falar. 9 Não mintais uns aos outros, uma vez que vos despistes do velho homem com os seus feitos 10 e vos revestistes do novo homem que se refaz para o pleno conhecimento, segundo a imagem daquele que o criou; 11 no qual não pode haver grego nem judeu, circuncisão nem incircuncisão, bárbaro, cita, escravo, livre; porém Cristo é tudo em todos.

12 Revesti-vos, pois, como eleitos de Deus, santos e amados, de ternos afetos de misericórdia, de bondade, de humildade, de mansidão, de longanimidade. 13 Suportai-vos uns aos outros, perdoai-vos mutuamente, caso alguém tenha motivo de queixa contra outrem. Assim como o Senhor vos perdoou, assim também perdoai vós; [14] *acima de tudo isto, porém, esteja o amor, que é o vínculo da perfeição.* [15] *Seja a paz de Cristo o árbitro em vosso coração, à qual, também, fostes chamados em um só corpo; e sede agradecidos.* [16] *Habite, ricamente, em vós a palavra de Cristo; instruí-vos e aconselhai-vos mutuamente em toda a sabedoria, louvando a Deus, com salmos, e hinos, e cânticos espirituais, com gratidão, em vosso coração.* [17] *E tudo o que fizerdes, seja em palavra, seja em ação, fazei-o em nome do Senhor Jesus, dando por ele graças a Deus Pai.*

Exploração

1. Como uma pessoa mantém seu pensamento nas coisas do alto?

2. O que Paulo quer dizer ao afirmar que nossa "vida está escondida com Cristo em Deus" (v. 3) e que Cristo "é a nossa vida" (v. 4, RA)?

3. Paulo compara dois tipos de vida: o velho homem e o novo homem, sendo Cristo a diferença entre eles. Jesus fez uma diferença assim tão radical em sua vida?

4. De quais aspectos da nova vida em Cristo você precisa "revestir-se" com mais consistência?

5. Chega a parecer que Paulo está dizendo: "Você quer mudar? Tudo bem... Então pare de pecar". Por que isso é tão fácil de dizer e tão difícil de fazer?

Inspiração

Aceite este convite de Jesus: "Permaneçam no meu amor" (Jo 15.9).

Quando você permanece em algum lugar, você vive ali. Sente-se familiarizado com o ambiente. Não se detém na calçada perguntando: "Onde fica a garagem?". Não consulta a planta da casa para encontrar a cozinha. Permanecer é estar em casa.

Permanecer no amor de Cristo é tornar o amor dele a sua casa. Não é um parque à beira da estrada nem um quarto de hotel que você visita ocasionalmente, mas, sim, sua morada predileta. Você descansa nele. Alimenta-se nele. Quando os trovões irrompem, você se refugia sob o seu teto. Suas paredes o protegem dos ventos. Sua lareira o aquece dos invernos da vida. Como disse João, "passamos a habitar permanentemente no amor" (1Jo 4.17, A Mensagem). Você abandona a antiga casa do falso amor e se muda para a casa do amor real.

A adaptação a esse novo lar demanda tempo. Nas primeiras noites num novo lar, você pode acordar e dar de cara com a parede. Aconteceu comigo. Não numa nova casa, mas num hotel. Levantei-me da cama para pegar um copo de água, virei à esquerda e bati com o nariz contra a parede. As dimensões do quarto eram diferentes.

As dimensões do amor de Deus também são diferentes. Você passou a vida numa casa de amor imperfeito. Você acha que Deus vai dispensá-lo como fez o técnico, ou abandoná-lo como fez seu pai, ou julgá-lo como fez a falsa religião, ou ofendê-lo como fez seu amigo. Ele não fará nada disso, mas leva tempo para que você seja convencido dessa verdade.

Por isso, habite nele. Agarre-se a Cristo como um ramo se prende à videira. Nas palavras de Jesus, o ramo exemplifica sua definição de *permanência*. "Nenhum ramo pode dar fruto por si mesmo, se não permanecer na videira. Vocês também não podem dar fruto, se não permanecerem em mim" (Jo 15.4).

Trecho de *Quem tem sede venha*

Reação

6. Você se sente "em casa" em Cristo? Explique sua resposta.

7. Das atitudes e ações erradas que Paulo menciona, com quais hábitos você mais sofre dificuldades?

8. Lembre-se, os versículos 12-17 foram escritos a uma igreja inteira. A descrição se encaixa em sua igreja ou pequeno grupo?

9. Quão perdoador você é?

10. Que relacionamento em sua vida lhe dá maior trabalho neste momento? Por quê?

11. Como podemos cultivar uma postura de mais gratidão na vida?

Lições de vida

Chame do que quiser — mensagem do evangelho ou fé cristã. O fato é que o tipo de espiritualidade advogado por Cristo jamais pretendeu ser uma teoria religiosa sistematizada. Como disse alguém, Jesus não veio para nos despejar um monte de informações novas; antes, ele veio para que sejamos transformados. Em primeiro lugar, ele faz isso nos perdoando e apagando nossos erros. Em seguida, realiza algo estranho, mas poderoso: ele nos move para si e se move para nós. Em outras palavras, somos unidos a ele de maneira fundamental e eterna. Ele se torna nossa vida e nosso Senhor. E ele jamais descansará enquanto não formos transformados, enquanto nosso caráter não se tornar semelhante ao dele.

Devoção

Ó, Pai! Que maravilhosa promessa! A boa obra que iniciaste em mim continuará até que esteja completa. Obrigado pela nova vida. Eu abro meu coração a ti agora e te convido a realizar tua obra transformadora. Desejo fazer meu lar em ti, e desejo que em mim te sintas em casa.

- Para mais passagens bíblicas sobre vida santa, leia Salmos 15; Efésios 5.1-19; Filipenses 4.1-9; 1Tessalonicenses 4.1-12; 1Pedro 4.1-11.
- Para completar os livros de Colossenses e Filemom durante este estudo em doze partes, leia Colossenses 3.1-17.

Para pensar

Meditando em Colossenses 3.12-17, comente a respeito de sua obediência a cada um dos imperativos ali citados.

LAR, DOCE LAR

REFLEXÃO

Diversas pesquisas recentes indicam que a taxa de divórcios entre cristãos não é substancialmente menor que a registrada entre a população geral. Outros estudos sugerem que muitos dos problemas que assolam famílias não religiosas são igualmente comuns em famílias cristãs. Como explicar esses fatos? Por que o evangelho parece tão irrelevante em tantos lares cristãos?

SITUAÇÃO

Eis o melhor conselho do apóstolo Paulo a uma igreja que se esforça para ser diferente e para fazer a diferença numa cultura espiritualmente confusa: deixem a verdade de Cristo reluzir em seus casamentos e famílias!

OBSERVAÇÃO

Leia Colossenses 3.18-21 da NVI ou da RA.

Nova Versão Internacional

18 *Mulheres, sujeite-se cada uma a seu marido, como convém a quem está no Senhor.*

19 *Maridos, ame cada um a sua mulher e não a tratem com amargura.*

20 *Filhos, obedeçam a seus pais em tudo, pois isso agrada ao Senhor.*

21 *Pais, não irritem seus filhos, para que eles não desanimem.*

Almeida Revista e Atualizada

18 *Esposas, sede submissas ao próprio marido, como convém no Senhor.*
19 *Maridos, amai vossa esposa e não a trateis com amargura.* 20 *Filhos, em tudo*
obedecei a vossos pais; pois fazê-lo é grato diante do Senhor. 21 *Pais, não irriteis*
os vossos filhos, para que não fiquem desanimados.

Exploração

1. Por que existe tanta polêmica em relação ao mandamento bíblico segundo o qual as esposas devem sujeitar-se (NVI) ou ser submissas (RA) a seu marido?

---

2. Em que medida essa discussão diminuiria caso os homens, com humildade e constância, vivessem de acordo com o versículo 19?

---

3. A quais regras seus pais faziam você obedecer quando era criança?

---

4. De que maneiras os pais irritam ou desanimam seus filhos?

---

5. Que casamentos ou famílias você mais admira? Explique sua resposta.

Inspiração

Sempre que comíamos em casa, minha mãe dava a mim e a meu irmão as mesmas instruções: "Coloquem um pouco de tudo no prato".

Ela nunca precisou nos mandar limpar o prato. A quantidade de comida não era um desafio. A variedade, sim. Não me leve a mal. Mamãe era uma ótima cozinheira. Mas quiabo cozido? Aspargos?

Estavam mais para quiabo *eca*-zido e asp-*arghs*. Essas coisas foram realmente feitas para consumo humano?

De acordo com mamãe, foram, e — de acordo com ela — tinham de ser ingeridas. "Comam um pouco de tudo." Essa era a regra em nossa casa.

Não era, porém, a regra no restaurante. Em ocasiões especiais, percorríamos os 45 minutos de carro até a maior inovação culinária desde o fogão a gás: o restaurante *self-service*. Ah, que momento excelente o de pegar a bandeja e olhar para a fileira de opções intermináveis à frente! Uma verdadeira cornucópia da fina culinária. Seguindo a fileira, você caminha inebriado pelas opções e autorizado pela liberdade de escolha. Sim ao peixe frito; não ao tomate frito. Sim à torta de nozes; não, não, um milhão de vezes não ao quiabo *eca*-zido e aos asp-*arghs*. Restaurantes *self-services* são incríveis.

Não seria ótimo se o amor fosse como um restaurante *self-service*? Imagine se você pudesse olhar para uma pessoa com quem vive e selecionar o que deseja e o que não deseja? E se os pais pudessem agir assim com seus filhos? "Vou pegar um prato de boas notas e sorrisos bonitinhos e passar reto pela crise de identidade da adolescência e pelas contas da escola."

E se os filhos pudessem fazer o mesmo com os pais? "Por favor, me dê uma porção de permissões e moradia gratuita, mas sem regras nem horários. Obrigado."

E um cônjuge com o outro? "Que tal uma tigela de boa saúde e de bom humor? Mas já vou avisando: parentes, transferência de emprego e lavar roupas não fazem parte do meu repertório."

Não seria ótimo se o amor fosse como um restaurante *self-service*? Seria mais fácil. Seria mais organizado. Seria menos doloroso e mais sossegado. Mas quer saber? Não seria amor. O amor não aceita só algumas coisinhas. O amor se dispõe a aceitar tudo.

A visão de Deus quanto ao amor é semelhante à visão de minha mãe quanto à comida. Quando amamos alguém, levamos o pacote completo. Sem separar nem escolher, sem pegar grandes porções da parte boa e descartar a parte ruim. O amor é um pacote fechado.

TRECHO DE *UM AMOR QUE VALE A PENA*

Reação

6. Como seus familiares vêm demonstrando amor uns pelos outros neste momento?

7. Por que submeter-se ou deferir a alguém não implica ser inferior a essa pessoa? (Dica: veja 1Co 11.3.)

8. Em que sentido Efésios 5.25 expande e explica a ordem para que o marido ame sua esposa?

9. Como seus pais disciplinavam você?

10. Quais as coisas mais desanimadoras que os pais fazem aos filhos?

11. Cite três ações que você pode tomar hoje para tornar sua casa mais pacífica, agradável e honrosa a Deus.

Lições de vida

Alguém disse, com razão: "Se nossa fé não funciona em casa, nossa fé não funciona". Não existe lugar mais importante para pôr nossas crenças em prática. Portanto, faça a si mesmo algumas perguntas difíceis: Seu relacionamento com Jesus se destaca pelo modo como você conversa com os membros de sua família? Pelo modo como você os ouve? E o que dizer de sua maneira de resolver conflitos? Sua família fica feliz ao vê-lo chegar em casa (ou fica secretamente mais feliz ao vê-lo sair)? Você serve seu cônjuge e encoraja seus filhos? Existe uma atmosfera de respeito e gentileza em seu lar? Qual foi a última vez que você fez um sacrifício para alguém, pondo as necessidades dele à frente de seus próprios desejos?

Devoção

Pai, é possível melhorar as coisas em minha família. Faze-me lembrar que não posso mudar ninguém além de mim mesmo, e na verdade não consigo fazer nem mesmo isso sem a tua ajuda. Dá-me força hoje para fazer minha parte — para cumprir meu papel na família de modo que agrade a ti e promova a paz.

- Para mais passagens bíblicas sobre lar e família, leia Gênesis 2.23-24; Deuteronômio 5.16; Salmos 127.3; Provérbios 22.6,15; Efésios 5.22—6.4; 1Timóteo 3.4,11,15; 1Pedro 3.1-7.
- Para completar os livros de Colossenses e Filemom durante este estudo em doze partes, leia Colossenses 3.18-21.

Para pensar

Quais são suas melhores lembranças dos anos que passou com seus pais e irmãos?

LIÇÃO 9

E quanto ao trabalho?

Reflexão

Lendo certos adesivos de carros ("O trabalho me fascina — Consigo ficar horas parado observando!" ou "Devo, logo trabalho"), pode-se dizer que a maioria das pessoas encara o emprego como um mal necessário. E quanto a você? Resuma, em até cinquenta palavras, sua opinião a respeito de sua profissão ou vocação.

Situação

Tendo em conta que metade, ou parcela maior, dos moradores do Império Romano era composta de escravos, Paulo discorre sobre a diferença que Cristo faz nos relacionamentos entre senhores e servos. Encontramos aqui grandes princípios sobre como empregadores e empregados cristãos devem viver e interagir.

Observação

Leia Colossenses 3.22—4.1 da NVI ou da RA.

Nova Versão Internacional

[22] *Escravos, obedeçam em tudo a seus senhores terrenos, não somente para*
agradá-los quando eles estão observando, mas com sinceridade de coração, pelo
fato de vocês temerem o Senhor. [23] *Tudo o que fizerem, façam de todo o cora-*
ção, como para o Senhor, e não para os homens, [24] *sabendo que receberão do*
Senhor a recompensa da herança. É a Cristo, o Senhor, que vocês estão ser-
vindo. [25] *Quem cometer injustiça receberá de volta injustiça, e não haverá*
exceção para ninguém.

[4.1] *Senhores, deem aos seus escravos o que é justo e direito, sabendo que vocês*
também têm um Senhor nos céus.

Almeida Revista e Atualizada

22 Servos, obedecei em tudo ao vosso senhor segundo a carne, não servindo apenas sob vigilância, visando tão somente agradar homens, mas em singeleza de coração, temendo ao Senhor. 23 Tudo quanto fizerdes, fazei-o de todo o coração, como para o Senhor e não para homens, 24 cientes de que recebereis do Senhor a recompensa da herança. A Cristo, o Senhor, é que estais servindo; 25 pois aquele que faz injustiça receberá em troco a injustiça feita; e nisto não há acepção de pessoas.

4.1 Senhores, tratai os servos com justiça e com equidade, certos de que também vós tendes Senhor no céu.

Exploração

1. Em sua opinião, porque Paulo e os outros apóstolos não condenavam diretamente a escravidão?

____

____

2. De que modo ensinamentos bíblicos como esse e os de Gálatas 3.28 preparam o caminho para a abolição da escravidão?

____

____

3. Qual sua opinião sobre o fato de o trabalho existir antes que houvesse a queda e que o pecado entrasse no mundo (Gn 2.15)?

____

____

4. Qual o melhor emprego que você já teve?

____

____

5. Qual o melhor chefe ou empregador que você já teve? Explique sua resposta.

____

____

Inspiração

O calendário do céu tem sete domingos por semana. Deus santifica cada dia. Seus feitos são santos todas as horas em todos os lugares. Ele torna incomum o comum ao transformar pias de cozinha em santuários, lanchonetes em conventos e jornadas de oito horas em aventuras espirituais.

Dias úteis? Sim, dias úteis. Ele ordenou o trabalho como algo bom. Antes de dar esposa ou filho a Adão, antes mesmo de dar calças a Adão, Deus lhe deu um emprego. "O Senhor Deus colocou o homem no jardim do Éden para cuidar dele e cultivá-lo" (Gn 2.15). A inocência, não a indolência, caracterizava a primeira família.

Deus considera o trabalho digno de seu próprio mandamento: "Trabalhe seis dias, mas descanse no sétimo" (Êx 34.21). Gostamos da segunda metade dessa passagem. A ênfase no dia de descanso, porém, pode nos levar a ignorar a ordem para trabalhar: "*Trabalhe* seis dias". Quer você trabalhe em casa, quer num escritório, seu trabalho é importante para Deus.

E seu trabalho é importante para a sociedade. Nós precisamos de você! As cidades precisam de encanadores. As nações precisam de soldados. Semáforos param de funcionar. Ossos se quebram. Precisamos de pessoas que reparem os primeiros e cuidem dos segundos. Alguém tem de educar os garotos, e alguém tem de educar os pais para que estes eduquem os garotos.

Seja qual for seu trabalho, você imita a Deus. O próprio Jeová trabalhou nos seis dias da criação. Jesus disse: "Meu Pai continua trabalhando até hoje, e eu também estou trabalhando" (Jo 5.17). Sua carreira consome metade do seu tempo de vida. Ela não deveria, portanto, tornar Deus conhecido? Acaso essas quarenta horas semanais também não pertencem a ele?

Trecho de *Cure for the Common Life* [Cura para a vida comum]

Reação

6. Você tem dificuldade de entender o trabalho como uma atividade espiritual? Explique sua resposta.

7. Qual a motivação apropriada para o trabalho?

8. Que fatores o desmotivam no trabalho e o induzem a fazer menos que o seu melhor?

9. Caso fosse um empregador, que práticas ou políticas você adotaria para incentivar seus empregados a fazer o melhor?

10. Quem é a pessoa mais trabalhadora que você conhece? O que a torna um trabalhador tão bom?

11. Cite três coisas práticas que você pode fazer hoje para ajudá-lo a desenvolver melhor atitude em relação a seu trabalho, seu supervisor e seus colegas de serviço.

Lições de vida

A menos que tenha nascido em berço de ouro, você precisará trabalhar, talvez até *labutar* e *perseverar*, nesta vida. Não é um pensamento agradável, mas é, sem dúvida, verdadeiro: toda ocupação neste mundo decaído — trabalhando ao lado de colegas decaídos para chefes decaídos — envolve frustração e exige escolhas difíceis. Podemos trabalhar de má vontade ou de bom grado, fazer da mediocridade nossa meta ou comprometer-nos com a excelência. Paulo nos que diz que os cristãos não devem fazer apenas o necessário para sobreviver. Devemos fazer nosso trabalho "de todo o coração" (v. 23) — com atitude positiva e o máximo esforço. Afinal, é ao Senhor Jesus que servimos e a quem um dia prestaremos conta (2Co 5.10).

Devoção

Senhor, obrigado por me lembrares de que minha ocupação é importante para ti. Que esta semana, em minha atitude, em minha ética profissional e em meus hábitos, eu te faça sorrir. E, como bônus, que eu exerça efeito positivo sobre os que convivem comigo em meu local de trabalho. Esse salário será suficiente.

- Para mais passagens bíblicas sobre trabalho, leia Gênesis 3.19; Deuteronômio 24.15; Provérbios 10.4; 12.11; 13.4; 22.29; Efésios 6.5-9; 1Timóteo 6.1; Tito 2.9; 1Pedro 2.18.
- Para completar os livros de Colossenses e Filemom durante este estudo em doze partes, leia Colossenses 3.22—4.1.

Para pensar

Como saber quando é o momento de buscar um emprego diferente?

PALAVRAS QUE FAZEM A DIFERENÇA

REFLEXÃO

Nós chamamos de vários nomes. Evangelizar. Testemunhar. Ganhar almas. Que imagens, positivas ou negativas, lhe vêm à mente quando você ouve alguém se referir à propagação do evangelho?

SITUAÇÃO

Os colossenses viviam numa cultura repleta de afirmações concorrentes de mestres espirituais espúrios. O desafio de Paulo aos cristãos? Abram suas bocas e pronunciem com ousadia e gentileza a única verdade capaz de libertar os homens.

OBSERVAÇÃO

Leia Colossenses 4.2-6 da NVI ou da RA.

Nova Versão Internacional

[2] Dediquem-se à oração, estejam alerta e sejam agradecidos. [3] Ao mesmo tempo, orem também por nós, para que Deus abra uma porta para a nossa mensagem, a fim de que possamos proclamar o mistério de Cristo, pelo qual estou preso. [4] Orem para que eu possa manifestá-lo abertamente, como me cumpre fazê-lo. [5] Sejam sábios no procedimento para com os de fora; aproveitem ao máximo todas as oportunidades. [6] O seu falar seja sempre agradável e temperado com sal, para que saibam como responder a cada um.

Almeida Revista e Atualizada

[2] Perseverai na oração, vigiando com ações de graças. [3] Suplicai, ao mesmo tempo, também por nós, para que Deus nos abra porta à palavra, a fim de falarmos do mistério de Cristo, pelo qual também estou algemado; [4] para que eu o manifeste, como devo fazer.

[5] Portai-vos com sabedoria para com os que são de fora; aproveitai as oportunidades. [6] A vossa palavra seja sempre agradável, temperada com sal, para saberdes como deveis responder a cada um.

Exploração

1. Alguém já sugeriu que é importante conversar com Deus sobre pessoas antes de falar de Deus às pessoas. Por quê?

____

____

2. Como o cristão consegue discernir o momento em que Deus abre uma porta ou apresenta uma oportunidade para o evangelho?

____

____

3. O que é exatamente o evangelho claro e simples?

____

____

4. Quão proativo você é na busca de oportunidades de direcionar conversas para questões espirituais?

____

____

5. O que Paulo quer dizer ao pedir que nossas conversas com os não cristãos sejam "temperadas com sal" (v. 6)?

____

____

Inspiração

Pense em seu primeiro encontro com Cristo. Vista-se para aquele momento. Faça o alívio reaparecer. Recorde a pureza. Invoque a paixão. Consegue se lembrar?

Eu consigo. O ano é 1965. Um menino ruivo de 10 anos com o rosto cheio de sardas está sentado numa sala de aula bíblica em uma noite de quarta-feira. Lembro-me de cenas da sala: mesas escolares com iniciais gravadas; um quadro-negro; uma dúzia de crianças, ou mais, algumas prestando atenção, outras não; um professor usando um paletó tão apertado que os botões em torno de sua barriga robusta não se fecham.

Ele fala sobre Jesus. Ele explica a cruz. Eu sei que já tinha ouvido antes, mas nessa noite eu ouvi de verdade. "Você não pode salvar a si mesmo, você precisa de um Salvador". Não posso explicar por que isso fez sentido nessa noite e não em outra, mas foi o que aconteceu. Ele simplesmente articulou o que eu começava a entender: eu estava perdido; e explicou aquilo de que eu precisava: um Redentor. A partir daquela noite, meu coração pertencia a Jesus.

Muitos argumentariam que um menino de 10 anos é jovem demais para uma decisão dessas. E talvez estejam certos. Tudo o que sei é que nunca em minha vida fui tão sincero ao tomar uma decisão. Não sabia muito a respeito de Deus, mas o que eu sabia era o bastante. Eu sabia que desejava ir para o céu. E sabia que não podia fazer isso sozinho.

Ninguém precisou me orientar a ficar feliz. Ninguém precisou me dizer para contar aos outros. Era impossível me manter calado. Falei a todos os meus amigos na escola. Colei um adesivo na minha bicicleta. E apesar de então nunca ter lido 2Coríntios 4.13, eu sabia o que o versículo queria dizer. "Cri, por isso falei". O perdão recebido verdadeiramente é o perdão proclamado poderosamente.

Existe uma relação direta entre a precisão de nossa memória e a eficácia de nossa missão. Se não estamos ensinando as pessoas a serem salvas, talvez seja por termos esquecido a tragédia que é estar perdido! Se não estamos ensinando a mensagem do perdão, talvez seja por não lembrarmos como é ser culpado. E se não estamos pregando a cruz, pode ser que inconscientemente decidimos que — Deus nos livre — de algum modo não precisamos dela.

TRECHO DE *SEIS HORAS DE UMA SEXTA-FEIRA*

Reação

6. Comente suas tentativas de transmitir sua fé em Cristo. Qual a sua prática atual?

7. Com que frequência você ora pedindo que Deus abra portas para que a mensagem do evangelho seja partilhada?

8. Quais sinais indicam que Deus está trabalhando no coração de uma pessoa e a está conquistando?

9. O que exatamente precisa ser "claro" em nosso modo de apresentar o evangelho?

10. Cite maneiras sábias e não tão sábias de agir perto de pessoas que (ainda) não partilham de nossa fé.

11. Quão equipado ou preparado você se sente no que diz respeito a articular aquilo em que crê?

Lições de vida

É importante lembrar que podemos usar nossa língua para o bem ou para o mal. Podemos fazer fofocas e críticas e omitir a verdade, ou podemos impactar os outros positivamente contando-lhes sobre o amor transformador de Cristo. Se nosso desejo é usar as palavras para fazer a diferença eterna (e, no fundo, todo cristão faz), devemos começar com preparação e oração. Certifique-se primeiro de que sabe como dar a razão da esperança espiritual que existe em você (1Pe 3.15). Considere participar de uma oficina de treinamento de evangelismo ou trabalhar com um companheiro cristão que tenha larga experiência na propagação da fé. Por fim, crie o hábito diário de orar pedindo oportunidades para contar às pessoas as boas-novas do perdão e da novidade de vida em Cristo.

Devoção

Pai, a vida é tão breve. Faze-me lembrar diariamente que eu recebi um grande tesouro e uma urgente tarefa — falar às pessoas da tua graça e de teu amor. Faze-me agir com sabedoria perto dos que não creem. Que eu possa ser corajoso, gentil e claro.

- Para mais passagens bíblicas sobre aproveitar ao máximo as oportunidades de testemunhar, leia Marcos 5.18-19; João 9.4; Atos 1.8; 21.37—22.1; 1Coríntios 2.1-5; Efésios 5.15-16; 6.19.
- Para completar os livros de Colossenses e Filemom durante este estudo em doze partes, leia Colossenses 4.2-6.

Para pensar

Cite as pessoas em sua vida que ainda não conhecem Cristo, mas que mostram sinais de interesse no evangelho. Que abordagem específica pode ser necessária para falar com cada uma delas a respeito das coisas espirituais?

LIÇÃO 11

Companheiros de jornada

Reflexão

A Bíblia usa uma variedade de metáforas para descrever a igreja: corpo (1Co 12), edifício vivo (Ef 2.19-22), templo (2Co 6.16), família espiritual (Jo 1.12; 1Jo 3.1), noiva (2Co 11.2) e rebanho (At 20.29). Que símbolo ou metáfora você usaria para descrever sua igreja?

Situação

Paulo conclui sua carta à igreja em Colossos com saudações finais de diversos colegas e amigos em comum, de modo a lembrar-nos de que a fé cristã deve unir os cristãos como um só corpo. O desejo de Deus é que seus filhos vivam, cresçam e sirvam *juntos.*

Observação

Leia Colossenses 4.7-18 da NVI ou da RA.

Nova Versão Internacional

7 Tíquico lhes informará todas as coisas a meu respeito. Ele é um irmão
amado, ministro fiel e cooperador no serviço do Senhor. 8 Eu o envio a vocês
precisamente com o propósito de que saibam de tudo o que se passa conosco, e
para que ele lhes fortaleça o coração. 9 Ele irá com Onésimo, fiel e amado ir-
mão, que é um de vocês. Eles irão contar-lhes tudo o que está acontecendo aqui.
10 Aristarco, meu companheiro de prisão, envia-lhes saudações, bem como
Marcos, primo de Barnabé. Vocês receberam instruções a respeito de Marcos, e se
ele for visitá-los, recebam-no. 11 Jesus, chamado Justo, também envia saudações.
Esses são os únicos da circuncisão que são meus cooperadores em favor do Rei-
no de Deus. Eles têm sido uma fonte de ânimo para mim. 12 Epafras, que é um
de vocês e servo de Cristo Jesus, envia saudações. Ele está sempre batalhando

por vocês em oração, para que, como pessoas maduras e plenamente convic-
tas, continuem firmes em toda a vontade de Deus. 13 *Dele dou testemunho de*
que se esforça muito por vocês e pelos que estão em Laodiceia e em Hierápolis.
14 *Lucas, o médico amado, e Demas enviam saudações.* 15 *Saúdem os irmãos de*
Laodiceia, bem como Ninfa e a igreja que se reúne em sua casa.

16 *Depois que esta carta for lida entre vocês, façam que também seja lida*
na igreja dos laodicenses, e que vocês igualmente leiam a carta de Laodiceia.

17 *Digam a Arquipo: "Cuide em cumprir o ministério que você recebeu no*
Senhor".

18 *Eu, Paulo, escrevo esta saudação de próprio punho. Lembrem-se das mi-*
nhas algemas. A graça seja com vocês.

Almeida Revista e Atualizada

7 *Quanto à minha situação, Tíquico, irmão amado, e fiel ministro, e con-*
servo no Senhor, de tudo vos informará. 8 *Eu vo-lo envio com o expresso pro-*
pósito de vos dar conhecimento da nossa situação e de alentar o vosso coração.
9 *Em sua companhia, vos envio Onésimo, o fiel e amado irmão, que é do vosso*
meio. Eles vos farão saber tudo o que por aqui ocorre.

10 *Saúda-vos Aristarco, prisioneiro comigo, e Marcos, primo de Barnabé*
(sobre quem recebestes instruções; se ele for ter convosco, acolhei-o), 11 *e Jesus,*
conhecido por Justo, os quais são os únicos da circuncisão que cooperam pessoal-
mente comigo pelo reino de Deus. Eles têm sido o meu lenitivo. 12 *Saúda-vos*
Epafras, que é dentre vós, servo de Cristo Jesus, o qual se esforça sobremaneira,
continuamente, por vós nas orações, para que vos conserveis perfeitos e plena-
mente convictos em toda a vontade de Deus. 13 *E dele dou testemunho de que*
muito se preocupa por vós, pelos de Laodiceia e pelos de Hierápolis. 14 *Saúda-*
-vos Lucas, o médico amado, e também Demas. 15 *Saudai os irmãos de Lao-*
diceia, e Ninfa, e à igreja que ela hospeda em sua casa. 16 *E, uma vez lida esta*
epístola perante vós, providenciai por que seja também lida na igreja dos lao-
dicenses; e a dos de Laodiceia, lede-a igualmente perante vós. 17 *Também dizei*
a Arquipo: atenta para o ministério que recebeste no Senhor, para o cumprires.
18 *A saudação é de próprio punho: Paulo. Lembrai-vos das minhas alge-*
mas. A graça seja convosco.

Exploração

1. Quem são seus irmãos e irmãs mais queridos na fé? O que os torna importantes em sua vida?

---

2. Como você seria descrito por outros cristãos numa carta a terceiros?

3. Por que cumprimentos calorosos e palavras de afirmação são tão importantes entre os cristãos?

4. Por que Paulo sentiu necessidade de mencionar que Aristarco, Marcos e Jesus Justo eram cristãos judeus?

5. Qual a última carta ou *e-mail* que você escreveu com a intenção de oferecer encorajamento espiritual?

Inspiração

A Bíblia possui sua cota de santos, motivados por uma convicção intrínseca de terem sido chamados por ninguém menos que o próprio Deus. Como resultado, sua obra não era afetada por humor, dias chuvosos ou estradas esburacadas. Seu gráfico de desempenho não subia e caía com a irregularidade de uma montanha-russa. Não eram viciados em elogios ou aplausos nem desanimados por chefes mal-humorados ou carteiras vazias. Em vez de lutarem para ser espetaculares, aspiravam a ser responsáveis e confiáveis. E tendo em vista que sua lealdade não era determinada por seu conforto, eram tão fiéis em prisões sombrias como em púlpitos iluminados.

Servos fidedignos. São a encadernação da Bíblia. Seus atos são raramente citados e seus nomes poucas vezes mencionados. No entanto, não fosse sua devoção leal a Deus, vários acontecimentos importantes jamais teriam ocorrido.

Epafrodito estaria nessa lista. Para descrever esse camarada do nome de cinco sílabas, Paulo usou palavras mais sucintas como *irmão*, *cooperador*, *companheiro de lutas* e *mensageiro*. Você não conquista elogios assim aparecendo de vez em quando no encontro de jovens ou nos piqueniques da igreja. Esses são cumprimentos obtidos ao longo de anos e lágrimas. Epafrodito. A única coisa maior que seu nome era sua confiabilidade.

Fidedignos. *Fide* significa confiança. *Digno* significa merecedor de.

Fico imaginando se este livro caiu nas mãos de santos fidedignos contemporâneos. Se for o caso...

Obrigado.

Obrigado, senhores santos, por uma geração de oração e esclarecimento.

Obrigado, professoras, pelas incontáveis aulas na escola dominical, preparadas e ensinadas com ternura.

Obrigado, missionários, por sua bravura em partilhar a verdade atemporal numa língua estrangeira.

Obrigado, pregadores. Vocês pensavam que não estávamos prestando atenção, mas estávamos. E sua teimosa semeadura da semente de Deus vem dando frutos que vocês talvez jamais vejam deste lado da grande colheita.

Obrigado a todos que praticam na segunda-feira o que ouvem no domingo. Vocês passam horas abnegadas com órfãos, em máquinas de escrever, em reuniões do conselho, de joelhos, em hospitais, longe da família, e em linhas de montagem. É no dorso de sua fidelidade que o evangelho cavalga.

TRECHO DE *DEUS ESTÁ AQUI*

REAÇÃO

6. Quem são os cristãos que, humanamente falando, são responsáveis por sua vida e seu crescimento espiritual?

7. De que forma você pode demonstrar gratidão a seus líderes e mentores espirituais?

8. Como os pequenos grupos de hoje se assemelham às igrejas domésticas de antigamente?

9. Epafras batalhava em oração. Quais são seus hábitos de oração — especificamente seus hábitos de oração em favor de outros cristãos?

10. Quem precisa de seu encorajamento de maneira similar à exortação de Paulo a Arquipo?

11. Compare Atos 15.37-40 e Colossenses 4.10 com Colossenses 4.14 e 2Timóteo 4.10. De que modo a vida de Marcos e a de Demas, com suas trajetórias opostas, influenciam você?

Lições de vida

No final dessa carta centrada em Cristo e impregnada de teologia, Paulo conclui com um simpático retrato da comunidade. Aristarco,

Marcos, Jesus Justo, Epafras, Lucas, Demas, Ninfa, Arquipo... gente comum servindo de inúmeras maneiras a um Deus extraordinário. A passagem é permeada de afeto e pontuada de propósito. Sozinhos, esses indivíduos não causariam tanto impacto. Ministrando juntos, porém, eles ajudaram a causar "alvoroço por todo o mundo" do primeiro século (At 17.6). Este é o desígnio de Deus para a vida cristã — pessoas singularmente capacitadas unidas para realizar o plano do reino divino. Resista às tendências modernas do individualismo e da autonomia. Junte-se com outros cristãos a fim de crescer e servir.

Devoção

Pai, obrigado por este breve e importante lembrete — o fato de que, ao nos chamar para ti, tu também nos chamaste uns para os outros. Aumenta meu anseio e meu comprometimento por minha comunidade de irmãos e irmãs espirituais.

- Para mais passagens bíblicas sobre comunidade espiritual, leia João 13.34-35; 17; Atos 2.42-47; Romanos 12.3-16; 1Coríntios 12; Gálatas 6.1-10; Efésios 4.1-16.
- Para completar os livros de Colossenses e Filemom durante este estudo em doze partes, leia Colossenses 4.7-18.

Para pensar

Em que medida sua dedicação contribui para melhorar sua comunidade espiritual? Até que ponto o investimento de sua comunidade espiritual em você contribui para melhorar sua vida?

INTRODUÇÃO A FILEMOM

Filemom tinha todos os motivos do mundo para estar com raiva: fora roubado por Onésimo, seu escravo, que fugiu logo depois do delito. De algum modo, o ladrão chegou à metrópole de Roma, onde, *por acaso*, conheceu o apóstolo Paulo, que, *por acaso*, era um velho amigo de Filemom.

Transformado pela mensagem de Cristo, Onésimo, a pedido de Paulo, retorna para Filemom. Em circunstâncias normais, Filemom teria todo o direito de se vingar. Mas aquelas não eram circunstâncias normais. Onésimo fugiu como escravo; agora ele retorna como cristão e irmão espiritual. Paulo não pede que Filemom liberte Onésimo da escravidão, mas sim, que o liberte de uma vingança cruel. Ele exorta Filemom a oferecer graça ao invés de exigir justiça.

Essa breve carta pode se aplicar a você? Se houver um Onésimo em sua vida, a resposta é sim. Se alguém o traiu, o ofendeu ou o abandonou, a resposta é sim. Pagar na mesma moeda seria o desejo comum. Exigir justiça seria a resposta natural, e é exatamente esse o problema. Os cristãos não são chamados a viver de modo natural, mas sim, de maneira sobrenatural.

Enquanto reflete sobre como responder a alguém que errou com você, pense na exortação de Paulo a Filemom. Mais que isso, pense no exemplo de Cristo. Nosso chamado, como seguidores dele, é o de viver segundo a maior lei do reino de Deus, uma lei que liberta todos os homens, escravos ou livres.

Essa é a diferença que Cristo faz.

LIÇÃO 12

O MILAGRE DO PERDÃO

Reflexão

Relembre seus anos de infância e, principalmente, os da adolescência. Cite uma ou duas de suas escolhas mais lamentáveis ou ações mais dolorosas. Como as pessoas que você magoou o trataram depois do ocorrido?

Situação

Onésimo era um escravo colossense que roubara seu senhor, Filemom, e fugira para Roma, onde conheceu Paulo, que o apresentou a Cristo. O apóstolo enviou Onésimo de volta a Filemom com uma carta em que suplicava por misericórdia, perdão e amor cristão.

Observação

Leia Filemom 1.8-21 da NVI ou da RA.

Nova Versão Internacional

[8] Por isso, mesmo tendo em Cristo plena liberdade para mandar que você
cumpra o seu dever, [9] prefiro fazer um apelo com base no amor. Eu, Paulo, já
velho, e agora também prisioneiro de Cristo Jesus, [10] apelo em favor de meu fi-
lho Onésimo, que gerei enquanto estava preso. [11] Ele antes lhe era inútil, mas
agora é útil, tanto para você quanto para mim.

[12] Mando-o de volta a você, como se fosse o meu próprio coração. [13] Gostaria
de mantê-lo comigo para que me ajudasse em seu lugar enquanto estou preso
por causa do evangelho. [14] Mas não quis fazer nada sem a sua permissão, para
que qualquer favor que você fizer seja espontâneo, e não forçado. [15] Talvez ele
tenha sido separado de você por algum tempo, para que você o tivesse de vol-
ta para sempre, [16] não mais como escravo, mas, acima de escravo, como irmão
amado. Para mim ele é um irmão muito amado, e ainda mais para você, tanto
como pessoa quanto como cristão.

[17] Assim, se você me considera companheiro na fé, receba-o como se estivesse recebendo a mim. [18] Se ele o prejudicou em algo ou lhe deve alguma coisa, ponha na minha conta. [19] Eu, Paulo, escrevo de próprio punho: Eu pagarei — para não dizer que você me deve a própria vida. [20] Sim, irmão, eu gostaria de receber de você algum benefício por estarmos no Senhor. Reanime o meu coração em Cristo! [21] Escrevo-lhe certo de que você me obedecerá, sabendo que fará mais do que lhe peço.

Almeida Revista e Atualizada

[8] Pois bem, ainda que eu sinta plena liberdade em Cristo para te ordenar o que convém, [9] prefiro, todavia, solicitar em nome do amor, sendo o que sou, Paulo, o velho e, agora, até prisioneiro de Cristo Jesus; [10] sim, solicito-te em favor de meu filho Onésimo, que gerei entre algemas. [11] Ele, antes, te foi inútil; atualmente, porém, é útil, a ti e a mim. [12] Eu to envio de volta em pessoa, quero dizer, o meu próprio coração. [13] Eu queria conservá-lo comigo mesmo para, em teu lugar, me servir nas algemas que carrego por causa do evangelho; [14] nada, porém, quis fazer sem o teu consentimento, para que a tua bondade não venha a ser como que por obrigação, mas de livre vontade. [15] Pois acredito que ele veio a ser afastado de ti temporariamente, a fim de que o recebas para sempre, [16] não como escravo; antes, muito acima de escravo, como irmão caríssimo, especialmente de mim e, com maior razão, de ti, quer na carne, quer no Senhor. [17] Se, portanto, me consideras companheiro, recebe-o, como se fosse a mim mesmo.

[18] E, se algum dano te fez ou se te deve alguma coisa, lança tudo em minha conta. [19] Eu, Paulo, de próprio punho, o escrevo: Eu pagarei — para não te alegar que também tu me deves até a ti mesmo. [20] Sim, irmão, que eu receba de ti, no Senhor, este benefício. Reanima-me o coração em Cristo.

[21] Certo, como estou, da tua obediência, eu te escrevo, sabendo que farás mais do que estou pedindo.

Exploração

1. Em que momento, se houver algum, é apropriado que um líder cristão, como Paulo, exerça autoridade sobre outro cristão?

2. Onésimo era um ladrão comum que acabou se tornando como o "próprio coração" de Paulo (v. 12). Como explicar tamanha mudança?

3. Que lições sobre respeito você encontra nessa pequena epístola?

4. Em sua opinião, por que Paulo não se pronunciou abertamente contra a escravidão?

5. Alguns poderiam argumentar que a situação entre Onésimo e Filemom não era da conta de Paulo. Obviamente, o apóstolo não concordava com essa opinião. Quais as implicações disso para nós?

Inspiração

Os misericordiosos recebem misericórdia, diz Jesus. Eles comprovam a graça. São abençoados porque são testemunhas de uma bondade ainda maior. O perdão nos permite entender como Deus nos perdoou. A dinâmica de conceder graça é a chave para entender a graça, pois é perdoando que começamos a sentir o que Deus sente.

Jesus contou a história de um rei que decidiu acertar todas as suas contas com os indivíduos que trabalhavam para ele (Mt 18.21-35). O monarca chamou seus devedores e mandou que lhe pagassem. Um homem devia uma quantia grande demais — uma dívida que jamais poderia ser paga. Porém, quando o rei conheceu o homem e ouviu a história dele, seu coração se compadeceu e a dívida foi cancelada.

Ao sair do palácio, esse mesmo homem encontrou um colega de trabalho que lhe devia uma pequena quantia. O homem, então, agarrou o devedor e começou a sufocá-lo, exigindo que lhe pagasse. O sujeito implorou por misericórdia, mas não alcançou clemência nenhuma. Pelo contrário: o homem que havia acabado de ser perdoado lançou seu devedor na cadeia.

Quando a notícia chegou aos ouvidos do rei, ele ficou furioso. Nas palavras de Jesus: "Irado, seu senhor entregou-o aos torturadores, até que pagasse tudo o que devia" (Mt 18.34).

É de fato possível que alguém seja perdoado de uma dívida de milhões e se mostre incapaz de perdoar uma dívida de centenas? É possível uma pessoa ser libertada e em seguida aprisionar outra?

Não é preciso ser teólogo para responder a essas perguntas; basta olhar-se no espelho. Quem entre nós não implora a misericórdia de Deus no domingo e depois exige justiça na segunda? Quem já não atuou como um obstáculo, e não como canal, para o amor de Deus? Acaso há alguém que, num momento ou noutro, não "despreza as riquezas da sua bondade, tolerância e paciência, não reconhecendo que a bondade de Deus o leva ao arrependimento?" (Rm 2.4).

Preste atenção no que Deus faz quando abrimos mão da compaixão. Ele nos entrega para sermos torturados. Torturados pela raiva. Sufocados pela amargura. Consumidos pela vingança.

Essa é a punição para quem prova da graça de Deus e, no entanto, se recusa a partilhá-la.

Mas, para quem prova da graça de Deus e a concede a outros, a recompensa é a liberdade abençoada. A porta da prisão é completamente aberta, e o prisioneiro liberto é você mesmo.

TRECHO DE *O APLAUSO DO CÉU*

REAÇÃO

6. Em que ocasião você se sentiu mais impressionado e comovido pela misericórdia de Deus?

---

7. Quais os riscos de buscar o perdão? E quais os riscos de não buscá-lo?

____

____

8. Quais os perigos de perdoar alguém que traiu você?

____

____

9. Em alguma ocasião Paulo certamente sugeriu que Onésimo retornasse a seu senhor. O que você acha que ele disse?

____

____

10. Em que momento a raiva se transforma em falta de perdão? Em que instante a falta de perdão se transforma em amargura?

____

____

11. Em qual relacionamento Deus pode estar levando você a atuar como pacificador esta semana?

____

____

Lições de vida

O que você faz quando alguém o despreza, rejeita ou fere intencionalmente? Sempre há uma escolha, você sabe. Você pode revolver a afronta incontáveis vezes, erguendo lentamente uma parede de ressentimento e amargura em torno de seu coração. Infelizmente, muitas pessoas fazem isso. Ou então você pode, pela graça de Deus e no poder dele, optar por mostrar misericórdia sobrenatural. Apesar de nossas feridas, e a despeito de nossos sentimentos, nós podemos tomar a decisão de perdoar. O que é exatamente o perdão? É o cancelamento da dívida moral e pessoal que o outro tem conosco em razão de sua incapacidade de nos tratar com amor e respeito. Quando perdoamos, oferecemos a quem nos ofendeu e ao mundo um vislumbre do coração de Deus. Além disso, certificamo-nos de que nosso coração não se endureceu.

Devoção

Pai, perdoa-me por guardar rancor de ______. Da mesma forma que tu me perdoaste, eu desejo perdoar ______. Ajuda-me a aprender a bela e rara habilidade de mostrar misericórdia. Faze-me relembrar diariamente a promessa: "Bem-aventurados os misericordiosos, pois obterão misericórdia".

- Para mais passagens bíblicas sobre perdão, leia Miqueias 6.8; Mateus 5.7; Marcos 11.25; Lucas 6.36; 17.3-4; Efésios 4.32; Colossenses 3.13; Tiago 2.13.
- Para completar os livros de Colossenses e Filemom durante este estudo em doze partes, leia Filemom 1.1-25.

Para pensar

Nós temos de esperar que o ofensor busque o perdão antes de escolhermos perdoar?

NOTA AO LEITOR

Os textos da seção "Inspiração" foram traduzidos diretamente dos originais em inglês de Max Lucado.

Os livros a seguir foram publicados por W Publishing Group, uma divisão da Thomas Nelson, Inc., Nashville, Tennessee, EUA. Quando for o caso, apresentamos entre colchetes as correspondentes versões em português.

A Gentle Thunder. Copyright © 1995 de Max Lucado. [*Ouvindo Deus na tormenta*. Rio de Janeiro: CPAD, 2006.]
A Love Worth Giving. Copyright © 2002 de Max Lucado. [*Um amor que vale a pena*. Rio de Janeiro: CPAD, 2004.]
And the Angels Were Silent. Copyright © 1992, 2004 de Max Lucado. [*Quando os anjos silenciaram*. Campinas: United Press, 1999.]
Come Thirsty. Copyright © 2004 de Max Lucado. [*Quem tem sede venha*. Rio de Janeiro: CPAD, 2006.]
Cure for the Common Life. Copyright © 2005 de Max Lucado.
God Came Near. Copyright © 1987, 2004 de Max Lucado. [*Deus está aqui*. São Paulo: Mundo Cristão, 2013.]
Next Door Savior. Copyright © 2003 de Max Lucado. [*O Salvador mora ao lado*. Rio de Janeiro: CPAD, 2005.]
Six Hours One Friday. Copyright © 2004 de Max Lucado [*Seis horas de uma sexta-feira*. São Paulo: Vida, 2010.]
The Applause of Heaven. Copyright © 1990, 1996, 1999 de Max Lucado. [*O aplauso do céu*. Campinas: United Press, 2005.]
The Great House of God. Copyright © 1995 de Max Lucado. [*A grande casa de Deus*. Rio de Janeiro: CPAD, 2001.]

O livro a seguir foi publicado por Integrity Publishers, Brentwood, Tennessee, EUA:

It's Not About Me. Copyright © 2004 de Max Lucado. [*Isto não é para mim*. Rio de Janeiro: CPAD, 2005.]

ANOTAÇÕES

ANOTAÇÕES

ANOTAÇÕES

ANOTAÇÕES

ANOTAÇÕES

ANOTAÇÕES

ANOTAÇÕES

Coleção lições de vida

Max Lucado

- *O evangelho de Mateus*
- *O evangelho de Marcos*
- *O evangelho de Lucas*
- *O evangelho de João*
- *Atos*
- *Romanos*
- *1Coríntios*
- *2Coríntios*
- *Gálatas*
- *Efésios*
- *Filipenses*
- *1 e 2Tessalonicenses* [no prelo]
- *1 e 2Timóteo & Tito* [no prelo]
- *Hebreus* [no prelo]
- *Tiago* [no prelo]
- *1 e 2Pedro* [no prelo]
- *1, 2 e 3João & Judas* [no prelo]
- *Apocalipse* [no prelo]

Compartilhe suas impressões de leitura escrevendo para:
opiniao-do-leitor@mundocristao.com.br
Acesse nosso *site*: www.mundocristao.com.br

Diagramação: Assisnet Design Gráfico
Preparação: Luciana Chagas
Gráfica: Imprensa da Fé
Fonte: Adobe Caslon Pro
Papel: Offset 63 g/m² (miolo)
Cartão 250 g/m² (capa)